东盟十国国礼艺术

SPLENDID STATE GIFTS FROM THE 10 ASEAN COUNTRIES

国际友谊博物馆　编

文物出版社

《东盟十国国礼艺术》编委会

序 言

新中国成立后,中国政府坚定不移地奉行独立自主的和平外交政策,维护世界和平与稳定,赢得了国际社会广泛的尊敬和信任。新中国伟大的政治家们高瞻远瞩,在国际舞台上展现出泱泱大国的外交风范,写下了中国外交史的辉煌篇章。

国际友谊博物馆是国家文物局直属的国家级博物馆,担负着收藏、研究、宣传和展示在中外交往中,中国党和国家领导人、政府以及社会团体接受的外交礼品的任务。作为中国唯一一家收藏外交礼品的专题博物馆,它是记录新中国外交光辉历程和展示独立自主和平外交政策伟大成就的独特窗口,目前已收藏来自世界173个国家和地区以及国际组织的近2万件珍贵礼品。这些礼品反映了世界各国的历史文化、民族传统、宗教信仰和独特而高超的技艺,具有很高的艺术价值。同时,它们也是新中国成立后一系列重大外交事件的实物见证。

"东盟"是"东南亚国家联盟"的简称(英文名称为Association of Southeast Asian Nations,简称ASEAN),其前身是马来西亚、菲律宾和泰国于1961年7月31日在曼谷成立的东南亚联盟。1967年8月8日,印度尼西亚、泰国、新加坡、菲律宾四国外长和马来西亚副总理在曼谷发表《曼谷宣言》,正式宣告东盟成立。组织机构主要有首脑会议、部长会议、常务委员会和秘书处等,总部设在雅加达。其宗旨是:本着平等和协作精神,通过努力,加速经济增长和社会进步,促进区域和平与稳定,加强各方面合作,扩大贸易,与其他国际组织保持合作。"东盟"的初期活动限于经济、文化方面,1971年后加强了政治、经济和安全合作,同中国保持着良好关系,对亚太地区的繁荣稳定有着重要作用。

东盟十国位于亚洲东南部地区,包括中南半岛与马来群岛的文莱、柬埔寨、印度尼西亚、老挝、马来西亚、缅甸、菲律宾、新加坡、泰国、越南。在国际友谊博物馆馆藏中，就有东盟十国礼品千余件，其中包括金银器、铜雕器、陶瓷器、玻璃器、漆器、玉石器、牙骨器、木雕、织绣、绘画等数十个门类。它们不仅反映了东盟十国的文化艺术、民俗风貌，也见证了中国与东盟十国友好交往的历史。

中国——东盟博览会是中国商务部与东盟十国经贸主管部门及东盟秘书处共同主办的大型国际性区域综合博览会。作为该博览会永久举办城市的广西南宁，在成功举办首届中国——东盟博览会后，今年又迎来了第二届中国——东盟博览会。值此之际，国际友谊博物馆从馆藏中遴选出200余件东盟十国的礼品，在广西壮族自治区博物馆举办《东盟十国国礼特展》，以示庆贺。

本书所收录的礼品均为此次展览的展品，其中许多礼品为首次展出。我们衷心希望本书的出版，能增加中国人民对东盟十国的了解，促进中国与东盟十国的友谊。

预祝第二届中国——东盟博览会圆满成功！

国际友谊博物馆馆长

2005年10月

东 盟 十 国 示 意 图

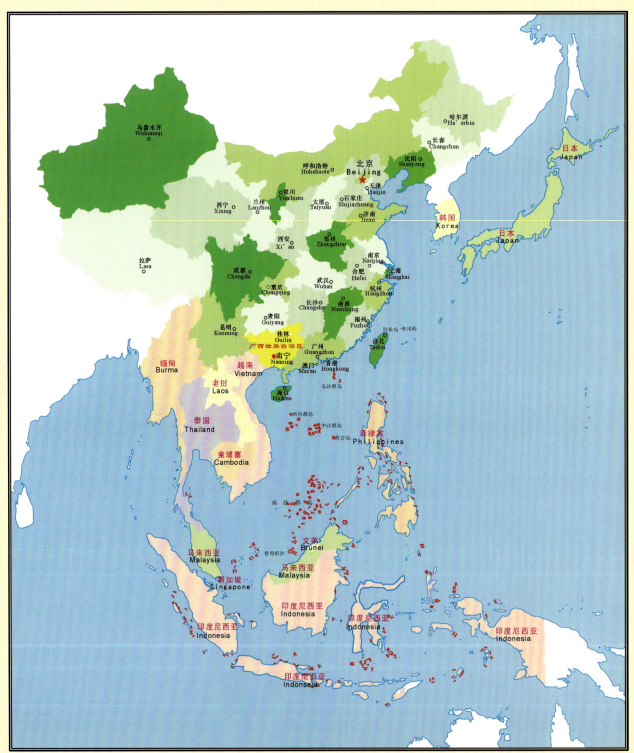

国家测绘局地图图形审核批准号：（2004）325号

前　言

　　"东盟"是"东南亚国家联盟"的简称，包括文莱、柬埔寨、印度尼西亚、老挝、马来西亚、缅甸、菲律宾、新加坡、泰国和越南十个成员国。这些国家的人民勤劳睿智，曾创造了灿烂辉煌的历史文化。柬埔寨的吴哥古迹、印度尼西亚的婆罗浮屠佛塔和缅甸的仰光大金塔等堪称世界文化宝贵遗产；越南的顺化、老挝的琅勃拉邦、泰国的清迈、马来西亚的马六甲是闻名于世的历史名城；文莱、新加坡和菲律宾也在不同程度上为人类社会的发展做出了重要贡献。

　　中国和东南亚国家或山水相连，或隔海相望，有着两千多年友好交往的历史。人民交往密切，使者往来频繁。六百年前，明朝特使郑和七下西洋，船队几乎遍及东南亚各地。中华人民共和国成立后，奉行独立自主的和平外交政策，与东南亚各国的睦邻友好关系掀开了崭新的一页。20世纪80年代末以来，中国同东盟国家的关系得到改善和加强，双方在互惠互利的基础上进行全面经贸合作，前景十分广阔。

　　在友好交往中，东盟各国赠送给中国党和国家领导人、政府及社会团体大量珍贵的礼品。这些礼品绚丽多姿，异彩纷呈，展现了东盟各国悠久的文化传统和独特迷人的艺术魅力，也是新中国与东盟各国友好往来的历史见证。

　　值此第二届中国——东盟博览会在广西南宁举办之际，国际友谊博物馆与广西壮族自治区文化厅、东盟十国论坛博览局合作，从馆藏中遴选出200余件东盟各国礼品，在广西壮族自治区博物馆举办《东盟十国国礼特展》，以示庆贺。衷心希望展览能为中国——东盟博览会的举办增添一道亮丽的风景线，能为促进中国与东盟各国的交流与合作，弘扬彼此之间的传统友谊起到积极作用。

PREFACE

ASEAN is the abbreviation for "Association of Southeast Asian Nations", which includes 10 member countries: Brunei, Cambodia, Indonesia, Laos, Malaysia, Myanmar, the Philippines, Singapore, Thailand and Viet Nam. The people of these countries have created brilliant history and culture with their wisdoms. For instance, the Angkor Vat of Cambodia, the Borobudur Temple Compounds in Indonesia, and the Mahamuni Pagoda of Rangoon in Myanmar are invaluable cultural heritages of the whole world; the cities of Hue in Viet Nam, Louangphrabang in Laos, Chiang Mai in Thailand and Malacca in Malaysia are known throughout the world for their history; and Brunei, Singapore and the Philippines have also made respective contributions to the progress of human race.

China has maintained over 2,000 years of friendly exchanges with its Southeast Asian neighbors, to which it is connected either by mountains and rivers, or across the sea. The peoples have all along kept close contact and sent frequent envoys to each other. About 600 years ago, the Chinese Ming ruler authorized Zheng He to travel to foreign seas, whose fleets visited almost all Southeast Asian countries during his seven voyages. After the founding of the People's Republic of China, the people's government has adopted an independent foreign policy of peace and began a new chapter of friendly relations with its Southeast Asian neighbors. Since the late 1980s, Sino-ASEAN relations have been further improved and consolidated, economic and trade cooperation on the basis of mutual benefit have been conducted in an all-round manner, and shown a bright prospect.

During the friendly exchanges, ASEAN countries have presented a great number of precious gifts to the leaders of the Communist Party of China, the Chinese government and social organizations. The exotic gifts with extraordinary splendors are a good revelation of the cultural traditions and unique arts of ASEAN countries and bear historical witness to the friendship between China and ASEAN countries as well.

On the occasion of the Second China-ASEAN Expo held in Nanning of Guangxi Province, to mark the event, the International Friendship Museum, in cooperation with the Cultural Department of the People's Government of the Guangxi Zhuang Autonomous Region and the ASEAN Expo & Forum Bureau, has selected 200-odd state gifts from ASEAN countries from its collection for the Exhibition of State Gifts from Ten ASEAN Countries in the Museum of the Guangxi Zhuang Autonomous Region. We sincerely hope that this Exhibition will add luster to the China-ASEAN Expo. We also hope that it will play an active role in promoting the exchange, cooperation and friendship between China and ASEAN countries.

1955年6月25日，中共中央主席毛泽东同访华的越南民主共和国主席胡志明在北京机场接受群众献花。

1956年2月14日，柬埔寨王国首相诺罗敦·西哈努克亲王访华时为中共中央主席毛泽东佩戴柬埔寨王国最高荣誉勋章。

1961年4月22日，国务院总理周恩来在首都机场欢迎来访的老挝首相富马亲王。

1978年1月27日，国务院副总理邓小平在缅甸总理吴貌貌卡等的陪同下，参观著名的仰光大金塔。

1978年11月5日，国务院副总理邓小平在集叻达王宫拜会泰国国王普密蓬·阿杜德。

1994年11月17日，国家主席江泽民访问印度尼西亚时，参观巴厘卢达拉绘画中心。

2001年11月19日，国家主席江泽民在上海会见新加坡总理吴作栋。

2004年5月28日，国务院总理温家宝与马来西亚总理巴达维在北京出席两国政府签字仪式后，互相交换礼物纪念中马建交三十周年。

2005年4月20日，国家主席胡锦涛在文莱苏丹哈桑纳尔·博尔基亚陪同下检阅文莱皇家武装部队仪仗队。

2005年4月27日，国家主席胡锦涛与菲律宾总统阿罗约在马尼拉总统府举行会谈。

图版目录

老挝
LAOS

马来西亚
MALAYSIA

缅甸
BURMA

菲律宾
PHILIPPINES

新加坡
SINGAPORE

泰国
THAILAND

越南
VIETNAM

文莱

BRUNEI

文莱达鲁萨兰国，简称文莱，意为"和平的土地"。中国与文莱交往的历史，始自汉代。977年，文莱国王曾派遣使者携带龙脑、玳瑁、象牙等礼品前来中国通好。1408年，文莱苏丹率王后及王室贵族到中国进行友好访问，不幸病故后将"体魄托葬中华"，长眠在南京安德门外的石子岗。

文莱人民在争取国家独立的过程中，一直得到中国政府的大力支持。1984年文莱独立时，中国致电文莱苏丹表示祝贺，并宣布承认文莱政府。1991年9月30日，中国外交部长钱其琛在纽约联合国总部与文莱外交大臣穆罕默德·博尔基亚亲王签署两国建交公报，两国关系进入新的发展阶段。

文莱领导人向中国政府及其领导人馈赠的礼品，真切地表达了两国人民的友好情谊。

奥玛尔·阿里·赛夫丁清真寺

文莱
BRUNEI

1.纪念币

左：直径3.3厘米　中：直径5厘米　右：直径2.7厘米

1999年8月，文莱苏丹和国家元首哈桑纳尔·博尔基亚赠国家主席江泽民。

　　为纪念1999年8月在文莱举行第20届东南亚运动会，文莱政府特发行此套纪念币。纪念币分金币、银币和铜镍合金币，正面为文莱苏丹哈桑纳尔·博尔基亚像，背面为体育场图案。哈桑纳尔·博尔基亚，1946年出生，1966年到英国圣赫斯特皇家军事学院深造，获上尉军衔。1967年继承王位，现为文莱第29世苏丹兼国防大臣。他才华出众，平易近人，为文莱的发展和人民生活水平的提高做出了卓越的贡献。

柬 埔 寨

CAMBODIA

　　中国和柬埔寨两国人民的友谊绵延千载。三国时期，孙权和扶南王互派使者通好，揭开了中柬官方友好往来的序幕。

　　1958 年 7 月 19 日，中柬两国正式建立外交关系后，相互信赖、密切合作，已经成为好邻居、好朋友、好伙伴，成为世界上不同社会制度国家之间友好相处的典范。正如中国国家主席胡锦涛所说："新中国几代领导人同西哈努克前国王共同培育的中柬友谊，成为两国人民共同的宝贵财富。"

　　柬埔寨领导人赠送给中国政府及其领导人的礼品美观精致，承载着柬埔寨人民往昔的辉煌与荣耀，蕴涵着高棉文化的独特魅力。

吴哥城胜利门

2.石雕舞女像

高 23.2 厘米

20世纪60年代，東埔寨国家元首诺罗
敦·西哈努克亲王赠国家主席刘少奇。

雕像面容典雅，舞姿优美，蕴涵
高棉舞蹈的独有神韵。西哈努克亲
王是一位著名的爱国者。为了争取
和维护東埔寨的民族独立，他一直
奋斗不息。作为不结盟运动的发起
人之一，他与铁托、尼赫鲁、苏加诺、
纳赛尔等人齐名，受到广泛尊敬。西
哈努克亲王多次访华，并曾两次在
华领导東埔寨人民争取国家独立、
民族解放的斗争，得到中国政府和
人民的大力支持。

3.铜塑踩铃舞女

高 15.5 厘米

1965 年 9 月，柬埔寨国家元首诺罗敦·西哈努克亲王赠中共中央主席毛泽东。

4.铜塑舞女像

高 31.5 厘米

1966 年 7 月，柬埔寨国家元首诺罗敦·西哈努克亲王赠国家主席刘少奇。

東埔寨
CAMBODIA

5.银錾花高足盖盒

　　高 31 厘米　口径 26.1 厘米

　　1966 年 7 月，東埔寨军事代表团赠国家主席刘少奇。

6.银錾花长方盒

长 28 厘米　宽 17.8 厘米　高 7.5 厘米

1966 年 5 月，柬埔寨政府副首相兼国防大臣朗诺中将赠国务院副总理兼外交部长陈毅。

7.银雕花咖啡具

壶最高 25.5 厘米　盘最长径 47 厘米　盘最短径 33.8 厘米

20 世纪 60 年代，柬埔寨国家元首诺罗敦·西哈努克亲王赠国家主席刘少奇。

8.银錾花罐

高 15 厘米　口径 10 厘米

1999 年 2 月，柬埔寨政府首相洪森赠全国政协主席李瑞环。

9.银錾吴哥寺图案圆盘

直径 27.3 厘米

2000 年 1 月，柬埔寨参议院主席谢辛赠全国政协副主席万国权。

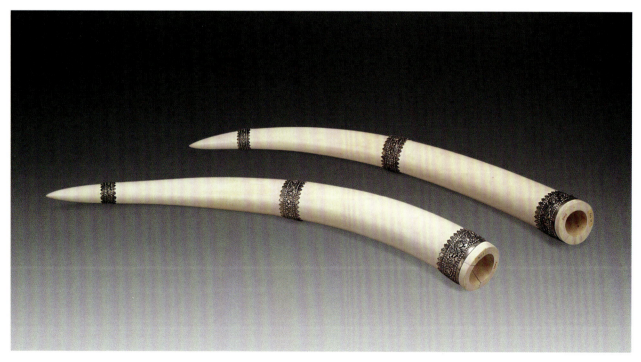

10.银饰象牙

长 90 厘米　口径 8.7 厘米

20 世纪 60 年代，柬埔寨国家元首诺罗敦·西哈努克亲王赠国家主席刘少奇。

11.石刻四面菩萨头像

高 21 厘米

1965 年 9 月，柬埔寨国家元首诺罗敦·西哈努克亲王赠国务院总理周恩来。

　　石像依照吴哥城胜利门上的头像雕刻而成。吴哥城始建于公元 9 世纪。1181 年至约 1200 年阇耶跋摩七世时改城墙为石墙，城门用巨石砌成，并兴建寺庙、皇宫等。城门共 5 座，东向有 2 门，余向皆 1 门，其中 4 门通向城中心处的巴扬寺，东向 1 门直通位于巴扬寺稍北处的皇宫。城门上塑有面向四方的菩萨头像，传说是阇耶跋摩七世的形象，象征王威，是首都的保护神。

12.铜雕菩萨头像

高 37.5 厘米

1965 年 9 月，柬埔寨国家元首诺罗敦·西哈努克亲王赠国务院总理周恩来。

13.木雕菩萨像

高 53.8 厘米

1965 年 11 月，柬埔寨政府副首相兼国防大臣朗诺中将赠国务院总理周恩来。

14.漆画《田园风光》

纵 39.8 厘米 横 56.8 厘米

1966 年 7 月，柬埔寨国家元首诺罗敦·西哈努克亲王赠国家主席刘少奇。

15.泥塑人像《民柬人民武装力量》

宽 23 厘米 高 37 厘米

1972 年，柬埔寨国家元首诺罗敦·西哈努克亲王赠国务院副总理李先念。

16.牛皮画《吴哥寺》

纵 34.7 厘米　横 68.8 厘米

1966 年 5 月，柬埔寨暹粒省省长赠国务院副总理李先念。

　　吴哥寺是柬埔寨的印度教毗湿奴神庙，又称吴哥窟，建于 12 世纪初。后为高棉国王苏利耶跋摩二世（1113～1150 年在位）的陵墓。15 世纪上半叶，随吴哥都城废弃而荒芜，19 世纪中叶重新修整，成为世界著名古迹。该寺全部用砂岩重叠砌成，占地约 2 平方公里，四周有城壕环绕。神庙围有依次增高的 3 层回廊，各回廊的四角配有高塔，以中心塔（高出地面 65 米）为顶点，形成高度依层次递减的高塔群，呈现出均衡美。吴哥寺的装饰浮雕丰富多彩。浮雕刻于回廊的内壁及廊柱、石墙、基石、窗楣、栏杆之上，题材取自印度教神话和高棉王朝的历史。

17.吴哥寺浮雕拓版画

纵 57 厘米　横 43.5 厘米

20 世纪 80 年代，柬埔寨政府赠国
务院副总理李先念。

18.木镶铜雕《罗摩衍那》挂饰

纵 19 厘米　横 37 厘米

1970 年 12 月，柬埔寨政府赠中共中央主席毛泽东。

　　浮雕内容源自印度史诗《罗摩衍那》。史诗以罗摩和妻子悉多的悲欢离合为主线，表现了印度古代宫廷和列国之间的斗争。罗摩王子遭后母迫害被流放后，悉多又被魔王罗波那劫走。罗摩与猴国结盟，在神猴哈奴曼及猴群相助下，终于战胜魔王，救回悉多。但罗摩怀疑悉多的贞操，悉多为了证实自己的清白，纵身投入大地母亲怀抱。而罗摩兄弟最终复化为毗湿奴神。

東埔寨
CAMBODIA

19.勋章

綬带勋章　最长12厘米　宽6厘米

胸章　长径9厘米　短径8厘米

20世纪60年代，柬埔寨国家元首诺罗敦·西哈努克亲王赠国家主席刘少奇。

20.绿地金丝线布料

长318厘米　宽96厘米

20世纪60年代，柬埔寨国家元首诺罗敦·西哈努克亲王赠国务院副总理兼外交部长陈毅。

印度尼西亚

INDONESIA

中国和印度尼西亚互建友好桥梁始于汉代。汉顺帝永建六年（131年），爪哇西部的叶调国曾派遣使者到达洛阳，希望与中国修好。在此后的漫漫岁月中，双方的友好往来不断密切。

印度尼西亚是世界上最早承认新中国的国家之一。1955年4月，举世瞩目的亚非会议在印尼的美丽山城万隆召开。中国、印尼代表团和其他与会国家代表团求同存异，为共创万隆精神做出了重大贡献。1990年8月，中印两国正式恢复外交关系，对亚太地区的和平稳定与共同发展产生了积极而深远的影响。两国在经贸、科技、文化等领域的交流与合作逐步展开。

印度尼西亚领导人向中国政府及其领导人馈赠的礼品流光溢彩，反映了印尼多姿多彩的传统文化艺术，也见证了中印两国人民的友谊。

婆罗浮屠佛塔

21.串古币舞蹈人形

宽21厘米　高50厘米

1997年4月，印度尼西亚巴厘省省长赠国务委员兼国务院秘书长罗干。

　　舞蹈人形用中国古代铜钱巧妙串编而成。宋朝以后，随着中国和印度尼西亚外交与贸易关系的发展，大量的中国铜钱通过使节、贸易等途径流入印尼。中国铜钱除了在当地经济生活中占有重要地位外，还作为宗教仪式中的神器，被视为护身符，或串成人形等工艺品。巴厘岛至今还流传着铜钱女神"美尔铢"的传说。相传中国铜钱是由"美尔铢"撒向人间的，当她撒钱时，天空电闪雷鸣，飞龙满天。

22.木雕神像

宽 18.5 厘米　高 41 厘米

1965 年，印度尼西亚驻华大使馆转赠中共代表团。

23.木雕顶物妇女像

高 83 厘米

1965 年 4 月，印度尼西亚国务院秘书处赠国务院总理周恩来。

　　印度尼西亚的雕刻艺术历史悠久，技艺高超，特别是爪哇和巴厘的木雕闻名遐迩。木雕多选用质地坚韧、花纹细密的檀木、黄杨木、柚木等名贵木料，主要表现宗教信仰和现实生活内容，各种神像、人物雕像、动物花卉、日常用品无不形象逼真，雕工精美。印尼独立后，雕刻艺术在全国各地蓬勃发展，反映独立后人民生活的现实主义风格作品层出不穷。

24.铜万隆会议十周年纪念章

直径 12 厘米

1965 年 4 月，印度尼西亚国务院秘书处赠国务院总理周恩来。

　　1955 年 4 月，具有划时代意义的万隆会议（也称亚非会议）在印度尼西亚万隆召开，中国等 29 个亚洲和非洲国家参加。纪念章为周恩来总理 1965 年 4 月赴雅加达参加万隆会议十周年庆祝活动时印尼所赠。两个大写字母 A 分别代表亚洲（ASIA）与非洲（AFRICA），中间是罗马数字十，象征着十年来在万隆精神的鼓舞下，亚非人民作为一支新兴的政治力量走上世界舞台，发挥出举足轻重的作用。两边的棉桃、稻穗图案象征着社会正义。

25.骨雕神像

高 16 厘米

1962 年，印度尼西亚政府赠共青团中央。

26.黄杨木雕少女像

宽 8.3 厘米　高 20 厘米

1965年，印度尼西亚航空公司赠国务院总理周恩来。

27.黄杨木雕舞女像

宽 22 厘米　高 35 厘米

1965年5月，印度尼西亚政府赠国务院副总理兼外交部长陈毅。

　　印度尼西亚的巴厘岛不仅风光迷人，当地异彩纷呈的舞蹈也令人陶醉不已。礼品表现的是巴厘岛著名的古典宫廷舞勒贡舞。勒贡舞走出宫廷后一般在宗教仪式上演出，演员主要为10余岁的苗条伶俐少女。舞女头戴花冠，身着盛装，随着音乐翩翩起舞。她一手执扇，一手轻拽裙角，舞姿婀娜，妩媚动人。勒贡舞对演员的要求非常高，因此，巴厘女性以成为勒贡舞演员或曾经当过勒贡舞演员为荣。

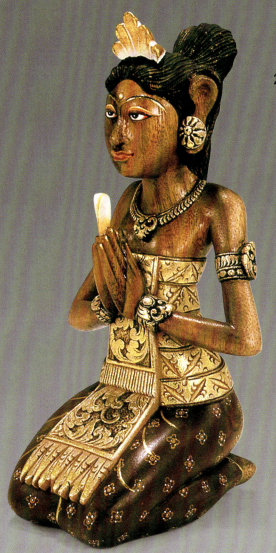

28.木雕祈福像（女）

宽 16 厘米　高 27 厘米

木雕祈福像（男）

宽 16 厘米　高 30 厘米

1997年4月，印度尼西亚总统行宫赠国务委员兼国务院秘书长罗干。

这对身着民族服饰、虔诚祈祷的男女雕像是印度尼西亚的幸福之神。相传他们曾是古代国王的两个孩子，哥哥违抗父亲的结婚之命被逐出家门后，妹妹为寻找哥哥亦离家出走。国王十分恼火，将哥哥诅咒成燕子，妹妹变成蛇。他们变身后，帮助农民消灭田间的害虫，终于感动上天将他们恢复人形，哥哥成为衣着之神，妹妹为稻谷之神。从此，他们在人间播撒幸福，百姓丰衣足食，国泰民安。

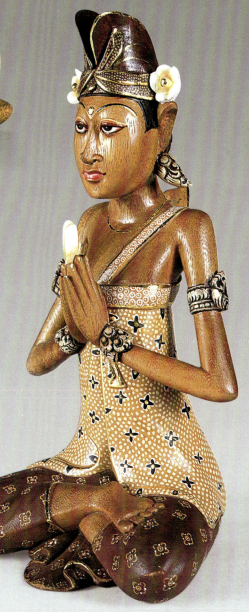

29.银雕花挂锣

宽 13.5 厘米　高 16.4 厘米

1964 年 10 月，印度尼西亚部长阿卜杜加尼赠国务院副总理兼外交部长陈毅。

中国民族乐器锣传入印度尼西亚后，受到当地人民的喜爱。在印尼著名的古典打击乐器加美兰中，云锣、排锣、卧式锣、大小挂锣等是其主乐器，演奏时，锣声此起彼伏，余音袅袅，优美动听。锣除了用于音乐舞蹈中，还被印尼当地人民视为珍宝，将锣装饰得多姿多彩，美不胜收。在印尼的一些部族中，丰收后人们用粮食换回铜锣，成为财富的重要标志。

30.串古币人形

　　长 46.4 厘米　宽 10 厘米

　　20 世纪 60 年代，印度尼西亚副总理约多赠国务院总理周恩来。

31.格利斯剑

长 55 厘米　宽 15.5 厘米

1964 年 10 月，印度尼西亚部长阿卜杜加尼赠国务院总理周恩来。

格利斯剑在印度尼西亚人心目中具有崇高的地位，人们将它赋予超凡的神力。祖传格利斯剑更是价值无比的传家宝，相传能保佑主人化险为夷。它不仅是武器，还代表着权威与荣誉。格利斯剑制作精美考究，剑刃通常由世代相传的铸剑师千锤百炼而成，剑柄、剑鞘用象牙、金银、珠宝等装饰，华美秀丽，璀璨夺目。印尼独立后，格利斯剑主要作为戏剧舞蹈中的道具和男子传统服饰的组成部分，成为印尼传统文化的象征。

32.蜡染花布

长 119 厘米，宽 49 厘米

1965 年 5 月，印度尼西亚合作国会议长阿鲁季·卡塔威纳塔夫人赠国务院副总理兼外交部长陈毅。

蜡染布在印度尼西亚被称为巴蒂克，意为"线条"和"小点"，是以涂蜡作防染剂染成的彩色花布。巴蒂克蜡染作为印尼古老的手工印染工艺，至今已有八百多年的历史。其制作工艺为：先在布上简单地画出图案底稿，将蜡液盛在尖嘴壶里，在不需要染色的地方用尖尖的壶嘴在布上施蜡，然后将整块布浸到染液中，这样沾有蜡液的部分就染不上色，再将蜡溶化，如此反复操作，直到完成预期的图案。巴蒂克以手工印染最为精细、珍贵。

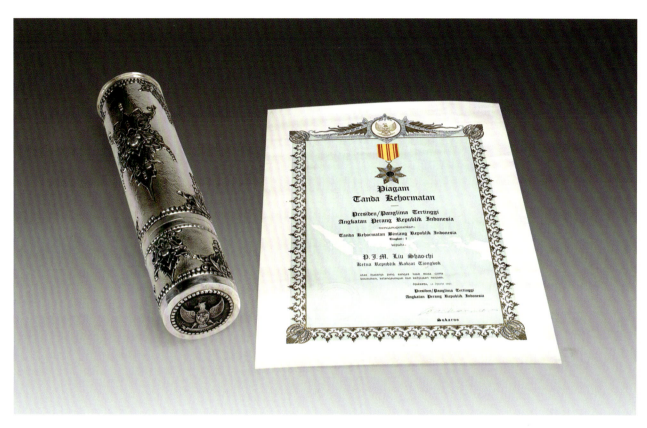

33.荣誉证书、银筒

证书长 40 厘米　宽 30 厘米

1961 年 6 月，印度尼西亚总统苏加诺赠国家主席刘少奇。

34.军徽

长 25 厘米　宽 18 厘米

1994 年，印度尼西亚武装部队司令费萨尔·丹戎上将赠中共中央军委副主席刘华清。

35.木雕架铜挂锣

高 28.5 厘米　锣径 9 厘米

1965 年，印度尼西亚驻华大使馆转赠中共代表团。

　　铜锣木架上方雕刻的是加拉神。传说他是大自在天神的儿子，在海上出生后变成一个巨魔。当他吃掉了定额口粮和地上的许多居民后，大自在天神诱使他把自己的身体吃得只剩下头颅。加拉神知道自己上当受骗后，发誓决不屈从，虽只剩下头部也要把自己置于诸神之上。加拉原意为时间，因此，人们将加拉神雕刻于庙门或院门等的上边，意在提醒人们：时间并非永恒。

36.银錾花三足盘

高 7 厘米　口径 31.5 厘米

20 世纪 60 年代，印度尼西亚中华总会理事刘镇环赠中共中央主席毛泽东。

37.蜡染绿花布料、披肩

布料长 246 厘米　宽 106 厘米

披肩长 115 厘米　宽 34 厘米

1963 年 4 月，印度尼西亚总统苏加诺赠国家主席刘少奇夫人王光美女士。

礼品为印度尼西亚传统的巴蒂克蜡染布。巴蒂克最早是宫廷中贵妇人的手工艺，16 世纪时流传到民间，后由荷兰人传入欧洲。巴蒂克蜡染印花是印尼传统手工技艺的一朵奇葩，颜色鲜艳明快，图案多姿多彩，主要以几何图形和花草、动物等自然物为主题。巴蒂克除了用于制作上衣和沙笼等民族传统服饰外，还制成台布、领带、手帕、壁挂等等，为印尼男女老少所喜爱，在国际上也享有盛名。

38.银掐丝凤凰

宽 13.5 厘米　高 16.5 厘米

1997 年 11 月，印度尼西亚最高评议院主席苏多莫将军赠全国人大常委会委员长乔石。

印度尼西亚的银器制作以素有"银城"之称的中爪哇日惹城为中心，那里出产的银器种类繁多，精美细腻。礼品采用印尼传统的银掐丝工艺，由技艺高超的工匠手工制成，造型优美，玲珑剔透。银掐丝工艺极其复杂，需要将白银抽成纤细的细缕，经过成千上万次焊接方能做成，因此常被作为贵重的馈赠礼物。

39.油画《海浪》

纵 88 厘米　横 134 厘米

1965 年 10 月，印度尼西亚国防学会代表团赠中共中央主席毛泽东。

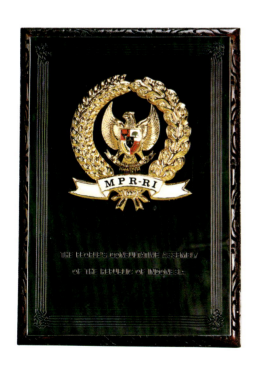

40.印尼协商会议会徽纪念牌

长 24.8 厘米　宽 17.8 厘米

1994 年 11 月，印度尼西亚人民协商会议副主席阿米鲁丁赠全国政协副主席钱正英。

礼品图案为印度尼西亚共和国最高权力机构人民协商会议会徽。会徽由印尼国徽中的金色神鹰和棉桃、稻穗组成的花环构成，金色神鹰象征光荣胜利，棉桃、稻穗代表社会正义。

41.木雕斗鸡

高 21.5 厘米　宽 27.7 厘米

1960 年，印度尼西亚青年组织赠共青团中央。

　　斗鸡是印度尼西亚乡村非常流行的民间娱乐活动，尤以巴厘岛最为突出。每逢节假日，经常可以看到怀抱斗鸡的男人奔波于斗鸡场。斗鸡前，往往选择重量相等的鸡作为对手，并将一把锋利的小刀系在鸡爪子上。比赛场面惊心动魄，紧张刺激。印尼民间雕刻家以娴熟的技法，形象逼真地刻画了斗鸡进行搏杀的精彩瞬间，两只斗鸡各自使出自己的本领钳制住对方，双方互不相让，难解难分。

42.神话故事木偶

长 83 厘米　宽 54 厘米　高 85 厘米

20 世纪 60 年代，印度尼西亚临时人民协商会议赠中国人大代表团。

　　哇扬戏是印度尼西亚传统戏剧形式，分为皮影哇扬戏、人哇扬戏和木偶哇扬戏三种类型。礼品表现的是木偶哇扬戏中的几名主角。木偶人上身裸露，披以饰物，下身围用蜡染布制成的沙笼，不同的头饰和面部彩绘代表着不同的角色。木偶戏主要流行于印尼爪哇一带，又因表演剧目的不同分为两类，一类专演印度古代史诗《罗摩衍那》、《摩诃婆罗多》中的故事，另一类则以爪哇文学《阿米尔·汉姆沙传记》为题材，其内容主要为伊斯兰教的传教故事。

老挝
LAOS

中国和老挝历史上从未刀兵相见，始终和睦相处，两国之间的经济联系和文化交流彪炳史册。

在1954年召开的关于印度支那问题的日内瓦会议上，中国政府仗义执言，为实现老挝和柬埔寨停火，维护老挝和柬埔寨独立、和平与中立做出了重要贡献。1961年4月25日，中国和老挝正式建立外交关系。此后，两国友好往来更加频繁。1991年10月24日，中老两国政府总理在北京正式签署边界条约，标志着两国边界成为和平友好与合作的边界，利于两国关系更加巩固和发展。

老挝领导人赠送给中国政府及其领导人的礼品风格独特，工艺精湛，体现了"万象之邦"的浓郁民族特色。

塔銮节之夜

43.木雕塔銮

长 23 厘米　宽 22.5 厘米　高 19 厘米

2000 年 3 月，老挝妇女联合会赠中华全国妇女联合会。

　　塔銮是老挝的标志性建筑。在老挝语中，"銮"是"大"或"皇家"之意，"塔銮"即"皇塔"或"大塔"。塔銮位于老挝首都万象北郊，始建于 1560 年的塞塔提腊王朝统治时期，历时 6 年才建成，是老挝历代皇室及高僧存放骨灰的地方。现今，作为老挝国宝的塔銮，是老挝佛教徒和民众顶礼膜拜的圣地。每年 11 月在此举行的塔銮节被视为全民族的盛大节日，也是规模空前的朝拜塔銮的盛会。这件礼品是万象塔銮的微缩雕刻品，做工精细，惟妙惟肖。

44.树根座钟

宽39厘米　高35厘米

1997年5月，老挝人民革命党主席坎代赠中共
中央政治局常委胡锦涛。

礼品取材于天然树根，将天然树根与钟
表和谐地统一为既有实用价值又具观赏性的工艺品。构思巧妙，淳朴大方。

45.银塔銮

长14.2厘米　高17.5厘米

20世纪90年代，老挝人民革命党中央
委员会政治局委员、国防部长朱马
里·赛亚松将军赠中共中央军委副主
席刘华清。

46.木雕双人奏乐像

长30.2厘米　宽7厘米　高34厘米

1997年9月，老挝妇女联合会赠中华全国妇女联合会。

这件礼品雕刻的是一男一女跪着演奏乐器的侧面像。左边的女子演奏的乐器是二胡，二胡属弦乐器，老挝称"索"或"宾"；右边的男子吹奏的是竹笙，竹笙是老挝最广泛使用的乐器，竹笙的演奏者为男性，能独奏，也能为声乐、舞蹈伴奏。老挝的乐队主要有两种，一种以打击乐器为主，称"赛那伊"，用于宫廷典礼仪式或为戏剧舞蹈伴奏，乐器有围锣、竹排琴、大鼓、双面鼓、小钹和唢呐；另一种为混合乐队，称"赛诺伊"，主要为声乐伴奏或演奏现代作品，乐器有围锣、木排琴、胡琴、笙和鼓，演奏现代作品时，常增加小提琴和手风琴。

47.美机残骸制战刀

长78厘米　宽5厘米

1972年6月，老挝爱国战线代表团团长诺哈·冯沙万赠国务院副总理李先念。

老挝历史上曾长期被法国侵略，1954年法国失败撤出印度支那以后，美国取而代之，老挝人民又开始了长达二十余年的抗美救国斗争。这柄战刀就是在当时的抗美斗争中，用被击落的第2300架美军战机的残骸打制而成的。刀鞘上錾刻着十二生肖的图案，以此纪念那段长期而艰苦的斗争岁月。

48.银錾花高足杯

高 24.8 厘米　口径 23.5 厘米

1962 年 12 月，老挝副首相兼财政大臣富米·诺萨万赠国务院总理周恩来。

　　琅勃拉邦是老挝的古都，也是老挝著名的银器制作中心。该高足杯就是琅勃拉邦银器中的传统器形。杯为圆形敞口，圈足，杯身錾有佛像和花纹，它们排列有序，繁而不乱，而且这些精美的花纹全由手工錾刻而成。由于这种高足杯器形稳重端庄，雍容华贵，深受老挝人民的喜爱，常被当作佳礼馈赠给尊贵的客人和朋友。

49.银錾花高足杯

高 22 厘米　口径 25.6 厘米

1963 年 3 月，老挝国王西萨旺·瓦达纳赠国家主席刘少奇。

50.银錾花高足杯

高 16.7 厘米　口径 18 厘米

1964 年 4 月，老挝首相梭发那·富马亲王赠国务院副总理兼外交部长陈毅。

51.美机残骸制錾花高足杯

高16厘米　口径17厘米

1969年4月，老挝人民党党政代表团赠中共中央。

52.银錾佛像高足杯

高29厘米　口径30厘米

1965年9月,老挝首相梭发那·富马亲王赠国家主席刘少奇。

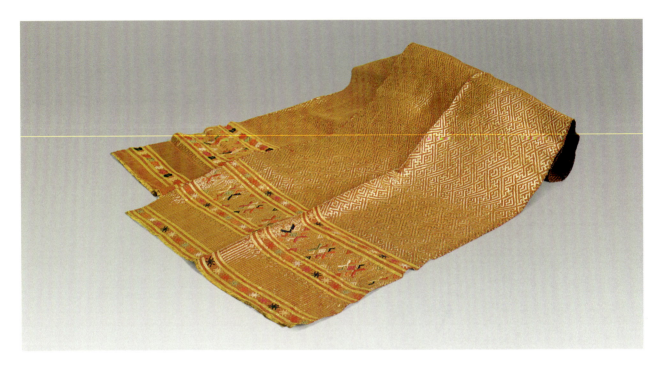

53.丝织老龙族披肩

长 187 厘米　宽 34 厘米

1964 年，老挝爱国战线文工团赠中国人民对外友好协会。

　　老挝是中南半岛的内陆国家，全国划分为上寮、中寮和下寮三部分，人口 540 万，有 60 多个民族，主要有老龙族、老听族、老松族、苗族、卡族等。老龙族是最大的民族，包括老族和泰族，人口约占全国总人口的 60%。老挝在文化上自古受中国和泰国的影响，丝织品是老挝的传统手工艺品，特别是在古都琅勃拉邦，丝织手工业作坊到处可见，丝织品在老挝国内享有盛名。这块老龙族的披肩，红地，用金丝线编织成菱形图案。

54.木浮雕风景图

纵 24.6 厘米　横 60 厘米

1992 年 3 月，老挝建国阵线主席梅苏·赛宋平赠全国政协副主席洪学智。

马来西亚

MALAYSIA

中国和马来西亚的传统友谊可以追溯至两千多年前的西汉时期。班固在《汉书·地理志》中提到过位于马来西亚丁加奴州的"都元国"。15世纪时，古满剌加国王也曾多次到中国进行友好访问，受到当时中国政府的隆重接待。

1974年5月31日，马来西亚政府总理拉扎克与中国政府总理周恩来共同签署中马建交联合公报，两国友好关系进入新的阶段，双方政治、经济和文化交往日益增多。中国提出的和平共处五项原则和马来西亚实行的和平、中立、不结盟的外交政策得到对方的热烈响应和支持，推进了两国人民友好关系的不断深入。

马来西亚领导人向中国政府及其领导人馈赠的礼品精巧雅致，别具特色，是马来西亚传统工艺品的代表之作。

吉隆坡佩特纳斯
双塔大厦

55.牛角架银挂锣

长 38.2 厘米　高 25 厘米　锣径 9.1 厘米

1985 年 11 月，马来西亚总理马哈蒂尔赠国家主席李先念。

56.银雕花咖啡具

  壶最高 13 厘米　盘最大直径 29.5 厘米
  1974 年 5 月，马来西亚总理拉扎克赠中共中央主席毛泽东。

57.雪锡光素咖啡具

  壶最高 14 厘米　盘最大直径 31.5 厘米
  1974 年 5 月，马来西亚总理拉扎克赠国务院总理周恩来。

　　马来西亚是世界上最大的锡生产国。锡器制作技术于19世纪从中国传入。最佳锡制合金的含量是95%的锡加少量的锑和铜。由于高锡含量可使物品表面平滑、细腻，此技术可用于制作许多美观的物品。马来西亚的锡器精品由皇家雪兰莪公司（Royal Selangor）制作。这家公司是世界上最大的锡制器皿生产厂家，1885年由中国移民荣昆（Yong Koon）创办。

58.紫红金丝线沙笼

长370厘米　宽100厘米

1973年6月，马来西亚总理拉扎克赠中国政府。

　　纺织品在马来西亚手工艺品中最为著名。马来人喜欢穿自己的传统服装。男子上身穿无领长袖衣，下身围一大块布，叫"沙笼"。沙笼一般缝成圆筒状，穿着方式是从头顶套入，往下拉至腰间，找好对折处，然后向左或向右围腰缠绕，最后用细布带在腰间系牢。通常斜插一把马来短剑。沙笼布有丝绸、蜡染布等，过去都是手工制作，现在大多为机织，图案有花卉和几何图形等，多姿多彩，风格各异。

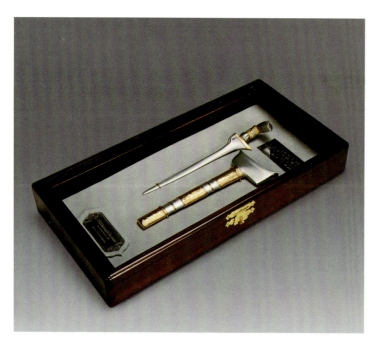

59.锡镀金格利斯短剑

剑长19.5厘米　宽3厘米

鞘长17.7厘米　宽6.3厘米

1995年3月，马来西亚国会下议院议长穆罕默德·扎希尔赠全国人大常委会委员长乔石。

　　马来西亚格利斯短剑剑刃锋利；剑柄用贵重木材、兽骨、兽角、象牙、金、银等做成，并刻有鸟头；剑鞘饰有花纹和图案。马来人认为，只有剑刃、剑柄、剑鞘三者配套，短剑才是完美的。做一把精致的短剑，需要工匠和雕刻师的密切配合。短剑制作业已成为马来西亚的传统工艺。马来人把短剑视为力量、智慧、坚强、勇敢、富有和吉祥的象征。作为传家宝，短剑象征着家族的兴旺。

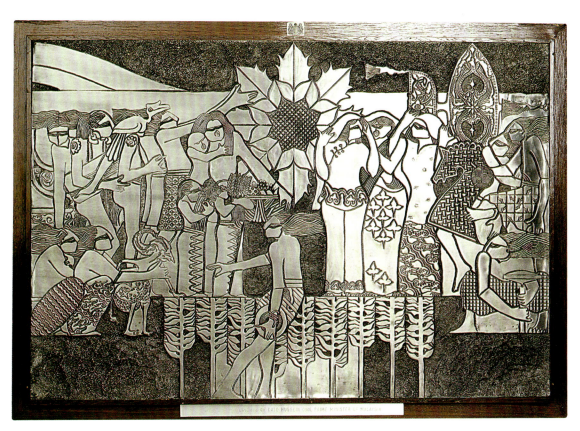

60.锡版人物画

纵 57.7 厘米　横 83 厘米

1978 年 11 月，马来西亚总理侯赛因·宾·奥恩赠国务院副总理邓小平。

61.银錾花盘电子钟

直径 21.8 厘米

1980 年 5 月，马来西亚文化代表团赠国务院副总理邓小平。

这是一件将艺术性与实用性完美结合的礼品。盘上的植物图案为马来西亚国花——木槿花，人称"班加拉亚"。马来西亚人民用这种红彤彤的花朵，比喻热爱祖国的烈火般的激情。马来西亚东海岸是传统的银器家庭手工业中心。特别是吉兰丹有许多小型作坊，银器种类有带图案的碗、盒子、餐具以及华丽精致的珠宝，精湛的工艺，体现出大都市的灵感。

62.锡錾民俗图案圆盘

直径 29 厘米

1983 年 11 月，马来西亚原产部部长梁棋祥赠外交部长吴学谦。

63.雪锡光素蛇纹圆盘

直径20.3厘米

1989年，马来西亚贸易工业部长赠上海市
长朱镕基。

64.锡錾花卉八角盘

最长径30厘米

1995年10月，马来西亚槟州元首
敦·韩旦赠全国政协主席李瑞环。

65.银雕国徽图案烟盒

长 16.6 厘米　宽 9 厘米　高 6 厘米

1974 年 5 月，马来西亚总理拉扎克赠国务院副总理李先念。

　　盒面上方錾有马来西亚国徽，两侧图案为马来西亚国花——木槿花；盒的四壁錾有马来西亚首都吉隆坡市徽以及雪兰莪、森美兰、马六甲、柔佛、彭亨、丁加奴、吉兰丹、霹雳、槟榔屿、吉打、玻璃市、沙捞越、沙巴 13 个州的州徽。1974 年 5 月，拉扎克总理应邀访华，并同周恩来总理签署联合公报，两国建立正式外交关系。从此，两国友好关系掀开了新的一页。

66.银雕国徽图案烟盒

长 20.5 厘米　宽 15.8 厘米　高 5.5 厘米

1995 年 12 月，马来西亚最高元首瑞姑·贾阿法尔赠全国政协主席李瑞环。

缅甸

MYANMAR

　　中国和缅甸两国山水相依，族源相近。长期以来，缅甸人民习惯以"胞波"（即同胞）称呼中国人。

　　缅甸是最早承认中华人民共和国的友好邻邦之一，1950年6月8日与中国正式建立外交关系。缅甸与中国共同倡导以和平共处五项原则作为处理国际关系的准则，为发展两国友好合作关系奠定了基础。缅甸也是第一个和中国通过互谅互让、友好协商解决两国边界问题的国家。"我住江之头，君住江之尾。彼此情无限，共饮一江水"——已故中国领导人陈毅元帅脍炙人口的诗句，是中缅两国友好关系的真实写照。

　　缅甸是文明古国，有着丰厚的文化底蕴。其礼品光彩绚丽，风格多样，展现了缅甸丰富多彩的传统文化艺术。

仰光大金塔

67.金漆凤首箜篌

长50厘米　宽11厘米　高55.5厘米

1971年11月，缅甸贸易代表团团长貌伦赠国务院副总理李先念。

　　凤首箜篌也称为弯琴。公元802年，前来中国唐朝献乐的缅甸骠国乐团使用的乐器中就有凤首箜篌。凤首箜篌是流传至今为数不多的缅甸古乐器之一，属于竖琴的一种，弯弯的琴颈和船形琴身中间斜系着14根琴弦，垂于一侧的红色流苏起调控琴弦松紧的作用。凤首箜篌以高雅美观的琴形和清丽流畅的音色自古被缅甸人视为琴中之王，认为它是天宫中司乐之神用的乐器。

68.金漆竹琴

长 42.5 厘米　宽 12.3 厘米　高 14 厘米

1971 年 11 月，缅甸贸易代表团团长貌伦赠国务院副总理李先念。

　　竹琴是缅甸的传统乐器，当地人称之为"巴德拉"，意为"匣子"或"筐"，因此竹琴也被称为匣琴或筐琴。竹琴由琴板、船形琴箱、琴座、琴柱和琴锤组成。琴板用缅甸所产象竹或黑竹削制而成，每片薄厚略有不同，按照音调高低顺序排列。演奏时，琴师盘腿而坐，用琴锤连续敲打不同的琴板，琴声悠扬清脆，悦耳动听。

69.陶鸭形盆

长 31 厘米　宽 17 厘米　高 18 厘米

20 世纪 60 年代，缅甸勃生市友人赠中共中央主席毛泽东。

70.象牙雕舞女像

宽 4.7 厘米　高 10.9 厘米

1958 年 9 月，缅甸驻华大使吴拉茂夫妇赠国务院总理周恩来。

　　20世纪50年代，为了圆满解决中缅两国边界问题，周恩来总理曾几次约见缅甸驻华大使吴拉茂，向他阐明中国"亲善四邻，安定友邦"的立场，提出解决方案。中国政府赢得了缅甸政府的信任，双方最终于1961年和平友好地解决了边界问题。吴拉茂是职业外交官，1951~1958年任缅甸驻华大使，牙雕舞女像是其离任前赠送给周总理夫妇的礼物，底座刻有"周恩来总理暨夫人惠存"等字样。

71.象牙雕湿婆神像

宽 4.2 厘米　高 10.3 厘米

1958 年 9 月，缅甸驻华大使吴拉茂夫妇赠国务院总理周恩来。

　　缅甸是印度的邻近国家，深受印度文化的影响。雕像为印度教毁灭、创造和舞蹈之神湿婆。舞王的形象寄寓着创造必趋于毁灭、毁灭必导致创造的哲理。湿婆脚踏代表无知的侏儒、手执象征毁灭和创造的火焰和手鼓正翩翩起舞，另外两只手分别代表抚慰信徒不要畏惧和寻求灵魂解脱；身后的那圈光环象征着宇宙的循环往复。由于象牙材料所限，这尊舞王湿婆像虽不及印度著名的青铜雕舞王湿婆像舒展飞扬，却精致细腻，同样令人目迷神驰。

72.铜雕舞女像

高 20 厘米　底径 8.7 厘米

1958 年 9 月，缅甸驻华大使吴拉茂夫妇赠国务院副总理李富春。

73.铜钥匙

长 25 厘米　宽 7.5 厘米

1961 年 1 月，缅甸毛淡棉市市长赠国务院总理周恩来。

　　"中缅友谊似江水，万里长川紧相连。"这是 1961 年 1 月 5 日陈毅副总理陪同周恩来总理访问缅甸毛淡棉市时留下的诗句。毛淡棉位于南方沿海地区，缅甸第二条大江萨尔温江在此入海，其上游是我国的怒江。当周总理率领中国代表团抵达毛淡棉时，受到当地十万多名群众的热烈欢迎，并接受了这把象征友谊的铜钥匙。在国际交往中，馈赠钥匙礼仪是表明敬意的隆重欢迎仪式。

缅甸
MYANMAR

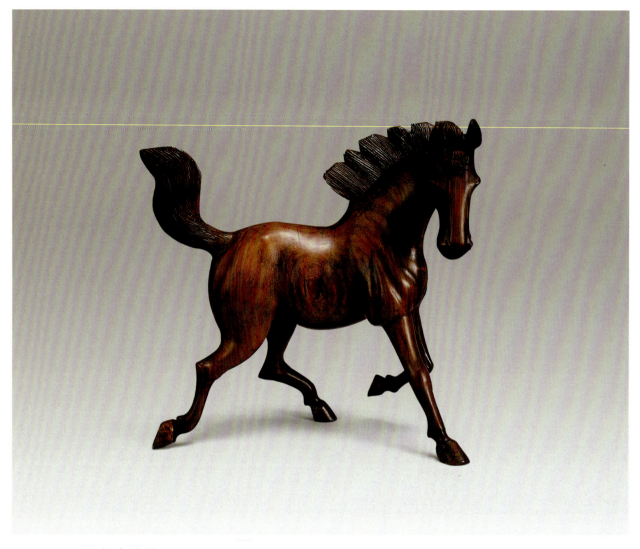

74.柚木雕马

长43厘米 高36厘米

20世纪80年代，缅甸政府赠全国人大常委会委员长万里。

　　柚木是缅甸的国树。在缅甸中部海拔1000米以下的丘陵和低山区生长着大片柚木林。柚木以木质坚硬耐久，纹理致密美观，不易腐蚀成为世界珍贵木材之一，是用于制作舰船、建筑构件、家具和艺术品等的理想材料，历史上曾被缅甸国王钦定为"皇家木料"。木雕马呈柚木原色深褐色，木纹自然美丽，那奔腾的四肢、飘扬的背鬃、高翘的尾结洋溢着充沛的生命活力。作品寓材料美于造型美之中。

75.翠玉餐具

翠玉碗　高4.6厘米　口径11.4厘米
翠玉筷子　长21.6厘米　宽1厘米
翠玉筷托　长5.4厘米　宽2.5厘米
1975年11月，缅甸总统吴奈温赠
国务院副总理邓小平。

　　自古以来，"石之美者为
玉"。玉石经雕刻、琢磨后，被
赋予新的生命和丰富的内涵，
历来为人们所珍爱。缅甸盛产
玉石，主要分布在北部的克钦
邦和实皆省。这里出产的玉石
尤以柔润碧透的翡翠最为著名，
为缅甸赢得了"翡翠之国"的美
誉，世界上95%以上的翡翠出
自缅甸。当地人民开采玉石历
史久远，用玉石雕刻佛像、加工
首饰和各种工艺品等。

76.玉石雕狮子

长17.5厘米　宽6厘米　高7厘米
1986年4月，缅甸总理吴貌貌卡赠天津市长李瑞环。

　　缅甸矿产资源丰富，以出产红宝石、玉石、琥珀等闻名于世。雕刻狮子的材料为缅甸所产珍贵玉石。通
过雕刻家巧施技艺，狮子的造型化雄武为矫健，化浑厚为轻灵。石狮张口咆哮，神情咄咄逼人，从头部到尾
端形成一条优美流畅的弧线，有力的前爪和腹部、后肢的肌肉刻画使整体造型具有一种动感。两粒用红宝石
镶嵌的眼睛起到了画龙点睛的作用。

77.金漆塔形盒

高 59.5 厘米　口径 28.5 厘米

1964 年，缅甸联邦革命委员会主席吴奈温赠国务院副总理兼外交部长陈毅。

　　金漆制作工艺相当复杂，先在胎上用大漆和其他胶质材料堆塑出图案的层次和立体关系，髹饰金银后再以彩绘、描金等技法绘出神兽图案和细腻的弦纹，最后罩漆。中缅两国山水相连，两国边民自古以来就结成了亲如手足的胞波关系。中缅边界问题解决后，陈毅元帅乘兴赋诗一首："我住江之头，君住江之尾，彼此情无限，共饮一江水。"

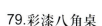

78.金漆长方盒

长 18.6 厘米　宽 9.9 厘米　高 5.7 厘米

1971 年 11 月，缅甸贸易代表团团长貌伦
赠国务院副总理李先念。

79.彩漆八角桌

高 36.5 厘米　最长径 41.2 厘米

1974 年 10 月，缅甸贸易代表团团长吴山温赠国务院
副总理李先念。

　　缅甸漆器大体分为黑色、红色和贴金三种形
式，漆器艺术是缅甸"传统工艺十朵花"中最绚烂
的一朵。历史上，缅甸的漆艺曾相当发达，大到建
筑物装饰、家具等室内用品，小到餐具、烟盒、花
瓶等，漆器不仅是家庭、寺庙常用品，也是宫廷用
品。贡榜王朝（1752~1885 年）时期，缅王曾将漆
器作为珍贵的礼物赠送给外国使节。彩漆八角桌古
朴瑰丽，民族风格浓郁，桌面绘佛教故事，支架为
舞蹈人物和动物图案。

缅甸
MYANMAR

80.油画《大象运木》

纵 110 厘米　横 130 厘米

1979 年 9 月，缅甸总统吴奈温赠中国政府。

贡榜王朝（1752～1885年）末期，随着对外交往的增加，西方绘画艺术传入缅甸，油画逐渐在缅甸发展起来。缅甸艺术家将西方技法与民族传统绘画风格相结合，创作出许多以风景、人物为题材的绘画佳作。油画描绘了在缅甸林区中，大象运输伐木的情景。林区道路崎岖泥泞，大象成为人们运输伐木的得力助手。它们将沉重的木材从林区拖到河岸，雨季时将木材推到河里，木材顺水而下到达下缅甸。

81.黑漆描金画《万塔之城》

纵 50.8 厘米　横 92 厘米

1982 年 10 月，缅甸政府赠中国政府。

画面为缅甸蒲甘城佛塔寺庙群风光。缅甸历史上第一个统一王朝蒲甘王朝（1044～1287年）曾定都于此。蒲甘王朝时期确立了小乘佛教在缅甸的统治地位，小乘佛教非常崇拜佛塔，因此当时人们把兴建佛塔寺庙视为一项功德。在蒲甘王朝统治的 243 年间，上至国王、贵族、官员，下至平民百姓，在这片 25 平方公里的土地上共建造了上万座塔寺，被称为"万塔之城"。蒲甘至今依然保留有形式各异、大小不一的塔寺 2000 多座，成为缅甸珍贵的历史文化遗产。

82.银把花伞

长 74 厘米

1961 年 2 月，缅甸总理吴努赠中共中央主席毛泽东。

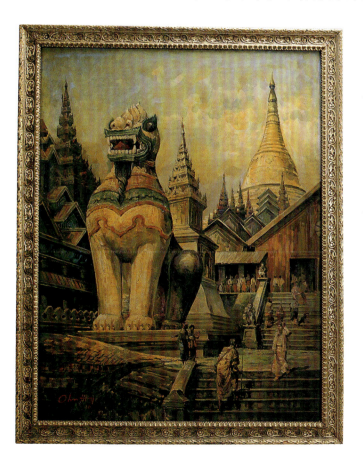

缅甸地处中南半岛西北部，为热带季风气候，全年分为热季、雨季和凉季。热季时阳光灼热，雨季时暴雨频繁，因此，在日常生活中，人们总是随身携带一把雨伞，雨时遮雨，晴时遮阳。缅甸制伞业以勃生和宾达亚最为有名，勃生主要生产布伞，宾达亚以生产纸伞为主。这把花伞伞柄以银雕花把套包就，绸质伞面上手绘花卉图案，精巧美观。

83.油画《佛塔风光》

纵 87.3 厘米　横 69.6 厘米

1961 年 2 月，缅甸总理吴努赠中共中央主席毛泽东。

油画描绘的是著名的仰光大金塔及周围塔院风光。相传大金塔始建于公元前 6 世纪，珍藏有八根释迦牟尼佛发。经过缅甸历代国王的不断修葺扩建，大金塔的高度由最初的 20.12 米达到现在的 99.36 米，塔身贴金约 7 吨，并镶有几千颗名贵钻石和其他宝石。大金塔四周有 64 座小金塔环绕，门外镇守的石狮威严刚健。金碧辉煌的大金塔是缅甸的象征，堪称佛塔艺术的杰作。

84.雕花象牙架银挂锣

长 79 厘米　宽 26 厘米　高 63 厘米

1963 年 4 月，缅甸联邦革命委员会主席吴奈温赠国家主席刘少奇。

与中国锣有所不同，东南亚锣中心凸出，锣边向反面弯曲。锣不仅在东南亚音乐文化中占有一席之地，还与人们的生活有着许多不解之缘。在东南亚有些地方，许多人家都珍藏着铜锣，每逢婚丧嫁娶等重大活动，亲朋好友或自带铜锣前来祝贺，或用锣声将噩耗传出，锣既用作聘礼，也用于随葬品。东南亚人民十分喜欢将锣"悬而击之"，挂锣造型千姿百态，变化无穷。

85.银錾花嵌玉石花瓶

高30厘米　口径9.9厘米

1996年1月,缅甸国家恢复法律和秩序委员会主席兼政府总理丹瑞大将赠中共中央军委副主席兼国防部长迟浩田。

86.银錾花词筒、欢迎词

欢迎词长44厘米　宽25.5厘米

1961年1月,缅甸曼德勒市专员吴巴拉赠国务院总理周恩来。

　　1961年1月,周总理率团赴缅甸参加缅甸联邦独立13周年庆典及交换中缅互换边界条约批准书仪式,后在吴努总理的陪同下到缅甸第二大城市曼德勒访问。曼德勒是缅甸最后一个封建王朝贡榜王朝(1752～1885年)的都城,缅甸中部的文化中心。在欢快动人的缅甸罗哈尔鼓声伴随下,曼德勒市举行了有数万名群众参加的公众欢迎会,专员吴巴拉代表曼德勒人民向周总理一行致欢迎词,周总理也发表了热情洋溢的讲话,祝愿中缅友谊万古长青。

87.银錾花钵

高12厘米　口径30.6厘米
1977年2月，缅甸总统吴奈温夫人赠全国人大常委会副委员长邓颖超。

缅甸传统高浮雕银器制作精彩生动，富有立体感。工匠利用金属的延展性，在器物表面上连续敲錾出众多的人物和动物形象，图案精美繁密，技艺高超绝伦。吴奈温总统1941年随民族英雄昂山将军参加反对英国殖民统治斗争，后创建缅甸独立军，被称为“缅军之父”。他曾先后12次访问中国，为加深中缅两国人民的传统友谊做出了积极贡献。

88.金漆圆盒

高18厘米　口径18厘米
20世纪60年代，缅甸联邦革命委员会主席吴奈温赠国务院副总理兼外交部长陈毅。

金漆圆盒采用贴金工艺制成。1767年缅泰战争中，缅甸获胜后从泰国俘回一批包括漆匠在内的艺人，泰国传统的黑地贴金技法带入缅甸。贴金工艺主要用于黑色底漆上，需要经过绘画、涂胶、刷漆、贴金箔、水洗、抛光等多道复杂工序反复操作完成。总体来说，缅甸漆艺是从中国云南和泰国、老挝传入后发展起来的，缅甸人将之完美地融入到自己的文化中，形成具有缅甸民族风格的漆器艺术。

菲律宾

PHILIPPINES

　　远在一千六百多年前，中国和菲律宾两国人民就扬帆过海，进行经济和文化交流。1417年，苏禄国东王巴都葛哈答剌率领使团到中国访问，在归国途中病逝于山东德州。明朝皇帝朱棣亲自撰写碑文，并以王礼将东王厚葬于德州市北部。

　　1975年6月9日，中菲发表建交联合公报后，两国政府和人民的往来迅速增加。2000年5月16日，中菲两国政府签署《关于21世纪双边合作框架的联合声明》，确立了中菲关系面向21世纪发展的纲领，为两国关系的稳步和健康发展指明了道路。

　　菲律宾领导人在友好交往中向中国政府及其领导人馈赠的礼品自然率真，匠心独具，表达了中菲两国人民世世代代友好下去的共同心愿。

圣奥古斯汀大教堂

89.木镂雕挂饰

左：纵 56.2 厘米　横 18.8 厘米

右：纵 55.6 厘米　横 18.8 厘米

1971 年 5 月，菲律宾工商代表团赠国务院总理周恩来。

菲律宾森林资源丰富，有红木、樟木等名贵木材。礼品用优质红木镂雕而成，分别刻画了风景中的两个人物：简朴的乡村房舍，掩映在高大的椰子树下，房屋前一条小路曲折蜿蜒。一壮年男子身背工具，正走出家门，开始一天的劳作；一位妇女手臂上抱着煮饭的瓦罐，似乎在为外出劳作的人准备食物。作品构图简洁，风情浓郁，反映了菲律宾的乡村生活。

90.木镂雕舞蹈人物屏风

纵 158 厘米　横 244 厘米

1975 年 6 月，菲律宾总统马科斯夫妇赠中共中央主席毛泽东。

　　屏风内容取材于菲律宾舞蹈，表现了西班牙风格舞蹈、竹竿舞等艺术风采。1521～1896 年，菲律宾一直受西班牙的殖民统治，这使其相当一部分舞蹈艺术带有明显的西班牙色彩，有的已和民族艺术融为一体。但在边远地区，仍然保留着土著民间舞蹈。菲律宾舞蹈大致分为乡村舞蹈、北部山区舞蹈、南部棉兰老岛等地区的穆斯林舞蹈、西班牙风格舞蹈等四大类。

91.贝雕花卉挂屏

纵 48 厘米　横 16.2 厘米

1974 年 9 月，菲律宾总统马科斯夫人伊梅尔达赠中国政府。

92.木浮雕《乡村小景》

纵 60.5 厘米　横 128.3 厘米

1974 年 9 月，菲律宾总统马科斯夫人伊梅尔达赠国务院副总理李先念。

93.油画《集市》

纵 62.3 厘米　横 77 厘米

20 世纪 80 年代，菲律宾红衣大主教海梅辛赠中共中央副主席邓小平。

94.贝壳花篮

　　长 56 厘米　高 33 厘米

　　1978 年 12 月，菲律宾总统马科斯夫妇赠国务院副总理李先念。

95.木镶嵌贝壳水果形盘

　　长径 15.2 厘米　短径 13 厘米　高 5 厘米

　　1974 年 9 月，菲律宾总统马科斯夫人伊梅尔达赠中国政府。

96.木镶嵌贝壳水果形盘

　　长径 18 厘米　短径 12.5 厘米　高 5 厘米

　　1974 年 9 月，菲律宾总统马科斯夫人伊梅尔达赠中国政府。

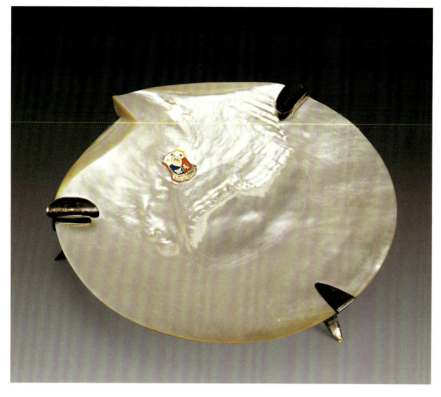

97.贝壳烟碟

口径18.8厘米

1982年6月，菲律宾总统马科斯赠中共中央副主席邓小平。

礼品用贝壳制成，带有一种质朴的美感。烟碟中镶着菲律宾国徽。盾面中央是一个光芒四射的太阳，象征自由，八束较长的光芒代表菲律宾历史上为争取民族解放和独立的八个省；盾徽上部为三颗金黄的五角星，代表菲律宾的三大地区；盾徽左下部为一只雄鹰，右下部为一只金狮，象征菲律宾摆脱殖民统治，获得独立的历史进程；盾徽下部的饰带上用英文写着"菲律宾共和国"。

98.木雕双鸟立像

左：高13.7厘米　右：高7.5厘米

1974年9月，菲律宾政府赠中国政府。

礼品是一对立在石块上玲珑可爱的木雕小鸟，一只静止而立，神情专注，仿佛在观赏眼前的景致；另一只双爪弯曲后蹬，重心前倾，弓身昂首，跃跃欲飞，颇具动感。一动一静，遥相呼应，生动自然，造型简练明快，雕工精巧细腻。

99.蚌壳屋形台灯

长 28.6 厘米　宽 23.2 厘米　高 32.7 厘米

20 世纪 80 年代，菲律宾政府赠中国政府。

　　礼品造型模仿菲律宾传统民居，构思巧妙，风格别致。菲律宾是一个群岛国家，受海洋气候影响，高温、多雨、潮湿。为适应这种特点，原住民的房屋人多建筑在木桩之上，离地 1~3 米。有的用藤条片编结起来作墙，聂柏棕作屋顶，竹片作地板，四周围着竹篱笆；有的用棕榈叶覆盖屋顶。室内干燥通风，坐、卧都在席上。墙有窗户，屋有房门，沿梯而上。

100.菲律宾出土中国青釉碗

高 6.9 厘米　口径 16.4 厘米

1974 年 9 月，菲律宾总统马科斯夫人伊梅尔达赠中国政府。

101.菲律宾出土中国黄釉碗

高 6.7 厘米　口径 17 厘米

1974 年 9 月，菲律宾总统马科斯夫人伊梅尔达赠中国政府。

102.银镀金刻花碗

高 7 厘米　口径 18 厘米

20 世纪 90 年代，菲律宾总统科拉松·阿基诺赠外交部长钱其琛。

103.木嵌螺钿茶具

杯最高 9.5 厘米　杯最大口径 8 厘米　盘最长 21 厘米

1982 年 6 月，菲律宾总统马科斯夫人伊梅尔达赠国务院副总理李先念。

104.菲律宾出土中国陶罐

高 16 厘米　口径 9 厘米

1974 年 9 月，菲律宾总统马科斯夫人伊梅尔达赠国务院副总理李先念夫人林佳楣女士。

　　早在东汉、三国时期，中国人就已经知道由台湾前往菲律宾群岛的航线。公元 10 世纪，中非友好往来的史实在中国古籍中已有明文记载。唐宋时期，中非贸易往来和文化交往已很密切。在菲律宾的邦加锡南省、宿务岛、苏禄群岛、八打雁省和内湖省等地，考古学家多次发现中国唐、宋时代的陶瓷器和钱币。

105.菲律宾出土中国陶罐

高 8.5 厘米　口径 8.7 厘米

1974 年 9 月，菲律宾总统马科斯夫人伊梅尔达赠中华全国妇女联合会副主席邓颖超。

106.菲律宾出土中国陶豆

高 13 厘米　口径 10.8 厘米

1974 年 9 月，菲律宾总统马科斯夫人伊梅尔达赠中国政府。

新 加 坡

SINGAPORE

　　新加坡在马来语中意为"狮子城"。中新两国人民长期以来有着密切的友好关系，很多风俗习惯也十分相似。新加坡独立后，坚持在东南亚地区建立和平、自由和中立区的主张，奉行中立和不结盟的外交政策，在联合国大会上投票赞成恢复中华人民共和国的合法席位，得到中国政府的支持和赞赏。

　　中新两国政府于1990年10月3日正式建立外交关系后，双方在各领域的交流与合作迅速发展。经贸合作是中新两国关系的重要组成部分，新加坡对华投资多年居东盟各国之首。

　　新加坡的文化既有东方的韵味，也有西方的明快。来自新加坡的礼品体现了中西合璧的风格，是新加坡工艺美术的代表。

新加坡市标"鱼尾狮"

107. 镀24K 金莱佛士坊模型《向前迈进》

高 10.5 厘米

1988 年 8 月，新加坡银行家连瀛洲赠上海市政府。

礼品中的 S 形雕塑，代表的是新加坡英文名称的缩写，它象征祥龙，刚强勇猛、向上跃进；金碧辉煌的高楼大厦，就是新加坡著名的中央商业区和金融活动中心——莱佛士坊。华裔银行家连瀛洲先生曾从 1948 年开始，用了整整 40 年时间，将莱佛士坊一至八号的土地买下，并最终在 1988 年建起一座宏伟巨大的除美国之外世界上最高的建筑——华联银行总部大厦。

108.镀金老虎

长 18.5 厘米　宽 11.5 厘米　高 8.7 厘米

20 世纪 80 年代，新加坡航空公司赠中国民航总局。

109.镀金兰花胸针

长 3.9 厘米　宽 3.5 厘米

20 世纪 80 年代，新加坡政府赠中国船舶总公司。

　　这枚胸针的造型是新加坡的国花"卓锦"万代兰。万代兰，其学名VANDA原为印度一带的梵语，意思是挂在树身上的兰花。万代兰属于典型的热带性植物，怕冷不怕热，怕涝不怕旱，有很强的生命力。万代兰原产于泰国、菲律宾和夏威夷等地，在亚洲、大洋洲和南美洲都有广泛的分布。至今发现的原生种共有 70 多个，而杂交种则更为丰富。从 20 世纪 60 年代以来，新加坡对万代兰的拓展最为迅速，1981 年 4 月 15 日，新加坡文化部宣布"卓锦"万代兰为国花。

110.镀24K金利市马

长14.5厘米　　高15.2厘米

1990年6月，新加坡友人赠上海市长朱镕基。

　　这件礼品是新加坡"利市"私营有限公司（RISIS Pte Ltd）独家创制的镀24K金饰品。饰品为一骏马形象。马是我国的十二生肖之一，据说马年出生的人天资聪慧，事业有成。1990年正值我国农历的马年，新加坡友人把象征着高贵、成功、力量的镀24K金马作为礼物送给当时的上海市长朱镕基，寓意马年吉祥。

111.油画《瀑布》

纵 80.6 厘米　横 99.6 厘米

1981 年 8 月，新加坡总理李光耀赠中国政府。

油画是西画中的主要画种，是用油质颜料描绘在布、木版、厚纸和墙壁上的图画。早在公元 12 世纪，北欧各国就以颜料溶油研和作画，14 世纪经尼德兰画家凡·爱克兄弟的实践、改进而形成油画。文艺复兴时期，油画盛行于意大利、西班牙和德意志，取代了西方传统的蛋清画。该油画画面色彩丰富，层次清晰，表现了大自然的古朴原始风貌。

112.镀 24K 金立犬

长 11 厘米　宽 4.5 厘米　高 10.3 厘米

20 世纪 90 年代，新加坡友人赠上海市长黄菊。

113.锡质酒具

圆盘直径 37 厘米

壶高 28.5 厘米　口径 5.6 厘米

高足杯高 11 厘米　口径 6.5 厘米

1986 年 2 月，新加坡前副总理吴庆瑞赠国务院副总理谷牧。

　　这套酒具采用高纯度精锡，经过压力铸造成形、机械刮光打磨、装接等复杂工序制成。酒壶鼓腹、长颈，造型典雅。酒壶颈和酒杯的高足饰以弦纹，盘面饰以鳞纹。锡的物理化学性能稳定，用纯锡制成的工艺品具有耐碱、防紫外线、除湿、无毒无味、不生锈等特点，所以锡制容器是保存茶叶、咖啡、珍贵药材的理想容器。用锡制成酒具斟酒，夏天清凉爽口，冬天温酒导热快，深受世人喜爱。

114.墨池卧牛图石砚

长 53.8 厘米　宽 17.7 厘米

1949 年 11 月，新加坡留侨报社赠中共中央主席毛泽东。

115.新加坡南洋理工大学校徽

长 17.5 厘米　宽 14.7 厘米

1995 年 12 月，新加坡南洋理工大学赠全国政协主席李瑞环。

　　南洋理工大学位于新加坡市中心西南25公里，占地200公顷，是亚太地区十大理工学院之一。南洋理工大学的前身是南洋理工学院（NTI），建立于 1989 年。1991 年，南洋理工学院（NTI）与国立教育学院（NIE）合并，改名南洋理工大学（NTU），组建成以理工科为主的综合性大学，包含 10 个学院。校徽上的雄狮象征着新加坡，三个徽标反映了该校理工科的性质。

116.彩陶弦纹罐

高 17.5 厘米　口径 10 厘米

2000 年，新加坡社区发展和体育部赠全国政协主席李瑞环。

　　彩陶艺术起源于新石器时代。彩陶的彩料大致有赭、红、黑、白四种，通过 1000℃的高温，彩料被非常牢固地烧制在陶面上，须用刀才能刮下来。彩陶最初的装饰，受编制物的影响很大，后来烧制好的陶器不用编制物也可以使用，但纹路还能保留下来。彩陶上常见的纹样有席纹、绳纹、弦纹、鱼纹等，它们的寓意各不相同，其中弦纹象征圆满。

117.候机楼模型

长 21.5 厘米　宽 15.5 厘米　高 10.5 厘米

2000 年，新加坡乌鲁班丹民众俱乐部赠全国政协主席李瑞环。

118.锡錾新加坡风情图案圆盘

直径 19.5 厘米

1998 年 6 月，新加坡妇女访华代表
团赠中华全国妇女联合会。

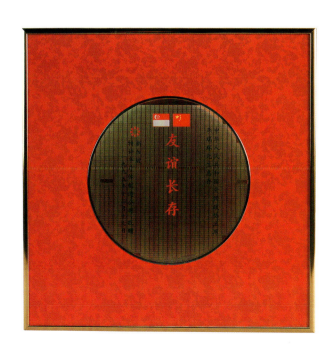

119.纪念牌《友谊长存》

长 36 厘米　宽 36 厘米

1995 年 12 月，新加坡特许半导体制
造公司赠全国政协主席李瑞环。

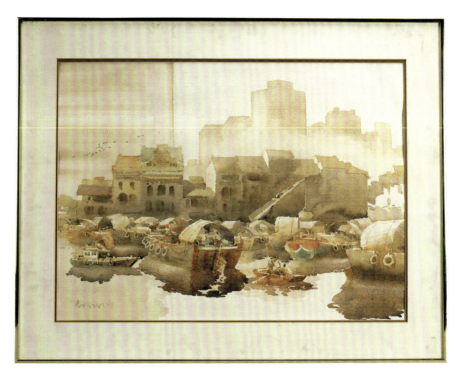

120.水彩画《码头》

纵 71.7 厘米　横 92 厘米

1981 年 8 月，新加坡总理李光耀赠中国政府。

　　水彩画产生于 15 世纪末的欧洲，18 世纪以后在英国形成独立的画种。水彩画是以水调和水彩颜料而绘成的画，水彩颜料一般都透明，用胶水调制而成。水彩画借助水来表现色调的浓淡和透明度，利用白纸和颜料的掩映渗透作用，来体现画面明丽、轻透、滋润、淋漓等特有的艺术效果。这幅水彩画以浓抹重彩技法，渲染了一个船只众多的繁忙码头画面。

121.水粉画《街景》

纵 43.8 厘米　横 52.5 厘米

1995 年 12 月，新加坡国会议长陈树群赠全国政协主席李瑞环。

　　这幅水粉画是新加坡知名画家陈龙庆（TAN LEONG KHENG）的作品。画家 1938 年生于新加坡，20世纪 80 年代曾三次在新加坡开办个人画展，其画作曾在马来西亚、中国、日本、香港、澳大利亚等国展出。这幅画以桥、渡轮、街景和树作近景，楼房和天空为远景，画面层次清晰，既具有油画的厚重、表现力丰富的特点，又具有水彩画的透明性、轻快性的特点。

泰国
THAILAND

中国和泰国人民之间的传统友谊如滚滚长江水，似滔滔湄南河源远流长。早在西汉时期，中国使节就到达过泰国。三国时期，东吴使节出使东南亚后留下了泰国"地出银，人民多好猎大象"的记载。

1975年7月1日，泰国总理克立·巴莫与中国政府总理周恩来在北京签署中泰建交联合公报，开创了中泰友好关系的新纪元。30年来，两国的政治、经济和文化关系不断巩固和发展，官方和民间友好往来与日俱增。

在中泰友好交往中，泰国领导人赠送给中国政府及其领导人的礼品是泰国传统工艺美术的缩影，显示了泰国优秀的文化艺术成就，具有鲜明的民族风格，生动地诠释了"中泰一家亲"。

曼谷大王宫

122.柚木雕大象运木

长 103 厘米　宽 66.2 厘米　高 75 厘米

1978 年 11 月，泰国总理江萨·差玛南赠国务院副总理邓小平。

　　礼品取材于民间生活，真实地再现了人与大象和谐相处的情景。泰国素有"象国"之称。温顺的大象是泰国人民最尊敬的动物，是和平、吉祥的象征。泰国北部的清迈盛产柚木。柚木质地坚硬，纹理美观，不怕酸蚀虫蛀，又易于雕凿，深得当地手工艺人的喜爱。1978 年 11 月，应泰国总理江萨·差玛南的邀请，邓小平副总理对泰国进行了具有历史意义的访问。这是中国领导人首次访问泰国。

123.铜鎏金卧鹿
　　长 50 厘米　高 47 厘米
　　20 世纪 80 年代，泰国商
　　人赠中国政府。

124.木雕卧象盒
　　长 11.3 厘米　高 6.7 厘米
　　20 世纪 90 年代，泰国公主诗琳通赠国家主席杨尚昆。
　　　　诗琳通公主曾在北京大学研修过中国文化课程，是北大的名誉博士。其艺术造诣颇深，并精研中国文化。自 1981 年首次访华，撰写《踏访龙的国土》后，已出版 10 本关于中国人文地理和经济发展的游记。她还翻译出版了中国现代作家的小说，并将百余首唐诗宋词译成泰文。中国教育部授予她"中国语言文化友谊奖"，该奖项是专为推动中国语言文化传播做出突出贡献的外国友人设立的，诗琳通公主成为获此殊荣的第一人。

泰国
THAILAND

125.金漆座象牙架铜挂锣

长 30.2 厘米　宽 20.4 厘米　通高 30 厘米
1972 年 8 月，泰国乒乓球顾问巴实·干乍那瓦赠国务院总理周恩来。

礼品为1972年8月泰国乒乓球代表团访华时，馈赠周恩来总理的礼物。1971年10月，联合国大会第26届会议以压倒多数通过决议，决定恢复中国在联合国的一切合法权利。1972年2月，中美两国打破太平洋坚冰，发表了《上海公报》。在此形势下，泰国重新调整其对华政策。1972年8月，泰国接受了亚洲乒乓球联盟的邀请，派出乒乓球代表团到北京参加亚洲乒乓球锦标赛，中泰两国中断了14年的民间交往终于恢复。中泰双方通过乒乓球队的访问实现了直接接触，泰国舆论界称之为"乒乓外交"。

126.铜铭文挂钟

最宽 23.7 厘米　高 32 厘米
1978 年 11 月，泰国海军司令卡威辛哈上将赠国务院副总理邓小平。

127.柚木雕骑象斗士

长 49.5 厘米 宽 16 厘米 高 39 厘米

1985 年 3 月，泰国清迈府赠国家主席
李先念。

泰国
THAILAND

128.宋加洛陶龙头

长 9 厘米　宽 12 厘米　高 25.7 厘米
1984 年，泰国司法界人士访华团赠国家主席李先念。

　　礼品为素可泰外销陶瓷的复制品。素可泰王
朝时期，是塞察那莱（Si Satchanalai）为宋加洛府
的一个县。在离该县城墙仅 500 米的橡胶林中，发
现了许多古砖窑遗址，遗存大量陶瓷器皿碎片和
建筑装饰品的残骸，如陶俑人、兽、龙、蛇等，由
此断定系官窑。其产品工艺精致，是素可泰王朝时
期的外销商品。

129.铜塑郑王坐像

　　最宽 17.5 厘米　高 25.5 厘米
20 世纪 80 年代，泰国泰中友好协会达府分会赠中国政府。

　　郑信，18 世纪泰国华裔民族英雄。生于 1734 年，
有二分之一的华人血统，祖籍中国广东省澄海县。少
时被暹罗大臣昭披耶却克里收为义子，成人后入宫廷
当御侍，后升职披耶，任达府侯王。1767 年缅军入侵，
闻首都失守被毁，遂统军北上，收复了阿瑜陀耶城，
开创吞武里王朝（1767～1782 年），被拥立为王，史称
郑王。他在位 15 年，统一泰国，恢复阿瑜陀耶时代的
疆域，并再次击退缅军的入侵，被后人称为泰国历史
上第四位大帝。

130.银鎏金錾印章图案长方盒

长 30 厘米　宽 19 厘米　高 7.7 厘米

1975 年 6 月，泰国总理克立·巴莫赠中共中央主席毛泽东。

　　礼品通身饰以狮尾纹、蛟龙卷枝花纹等，盒面圆形开光内绘象鼻狮守护宪法印章。1975 年 3 月，泰国传奇式人物克立·巴莫组阁执政，宣布承认中华人民共和国并实现两国关系正常化。同年 6 月，克立·巴莫总理率政府代表团访华，与周恩来总理在北京共同签署了中泰建交联合公报。克立·巴莫也是泰国著名的作家和诗人，其代表作长篇小说《四朝代》被誉为泰国当代最伟大的文学作品之一。

131.藤编镀金手提化妆盒

高 14.6 厘米　口长径 15.8 厘米　口短径 10 厘米

1982 年 5 月，泰国王后诗丽吉赠中共中央副主席邓小平夫人卓琳女士。

　　礼品篾丝匀细，色泽自然，精致而别有风味。盒的底框、四足、口边和提梁皆为金属镀金，并以镂雕玫瑰花装饰。鲜艳的花朵、翠绿的叶子，使器物更添几分美感。在泰国，一些编织盛器是用切细的竹条和藤条以及其他植物做成的，上漆后结实耐用。另一些则被做成现代手包，深受女性的喜爱。诗丽吉王后一贯支持和扶助民间手工艺的发展，创办了诗丽吉皇后艺术职业培训中心，培养民间艺人，将传统艺术发扬光大。

132.孔剧人形《哈努曼营救悉达》

高 40.2 厘米

1980 年 8 月，泰国内务部长赠国务院副总理邓小平。

　　孔剧为泰国假面舞剧，是专演印度史诗《罗摩衍那》的泰文流传本《拉玛坚》的剧种，源于泰国皮影戏，也是皮影艺术的变体与发展，流传泰国中部已有 300 年的历史。孔剧著名剧目有：《诱拐悉达》、《拉玛坚在森林中》、《哈努曼志愿者》、《悉达五次历险》等。孔剧演员以手语和基本舞姿表达剧情，表演程式严谨、语汇规范，是继承泰国文化传统的典范。

133.孔剧面具

高 54 厘米　底长径 25.5 厘米　底短径 15.5 厘米

20 世纪 80 年代，泰国政府赠共青团中央。

　　孔剧面具分四类：人面具、神仙面具、魔鬼与夜叉和猴子面具、各种动物面具。每一类又有若干种面谱。各种面具五官、脸庞的形状和色彩互不相同，冠饰也不一样。其造型怪异，狰狞恐怖，充满了浪漫的艺术情趣。制作面具的工匠须有广博的知识和精良的技艺，才能制作出与角色吻合的面具。工匠一般都经过专门训练，而且世代相传。孔剧面具色彩鲜艳，工艺精致，已成为深受泰国民族喜爱的工艺品。礼品属于神仙面具。

134.青铜鎏金《罗摩衍那》人物立像

宽 54 厘米　高 79 厘米

1985 年，泰国泰中友好协会赠中国人民对外友好协会。

　　礼品表现《罗摩衍那》的主角帕南身着盛装射箭的舞姿，散发着浪漫主义色彩。在泰国艺术中，神幻性人物和动物造型已形成一种规范。男人的面庞稍宽略长，下巴尖圆。鼻梁稍长，大眼，双睑，眉毛较浓，眉尖上挑，透出一股俊秀之气。大耳、厚唇、美髯，显得庄重、威武、雄健。戴塔形高冠、耳环和项圈等，全身服饰华丽潇洒。

135.铜浮雕曼谷王朝建立200周年纪念座屏

座长19.2厘米　宽7.6厘米　通高30.7厘米

1982年4月，泰国泰华妇女协会赠中华全国妇女联合会。

座屏底纹是泰国版图，其上浮雕曼谷王朝九位国王的胸像。座屏顶端浮雕泰国国徽。其图案是一只大鹏金翅鸟，背上蹲坐着传说中的守护神那莱王。严格说，它是王徽的标记。用金翅鸟作王徽源于泰国把国王比作毗湿奴转世的习俗，而金翅鸟是毗湿奴的坐骑，为印度神话中的神灵异物。曼谷王朝自1782年起一直统治泰国，又称却克里王朝。

正面

背面

136.银国王像纪念币

直径7厘米

20世纪80年代，泰国政府赠国务院总理李鹏。

纪念币正面为泰国普密蓬国王像，背面图案为国王专有徽记。普密蓬国王1927年12月生于美国。曾在瑞士的大学攻读政治和法律。1946年6月即位，1950年5月加冕。在位期间，经常巡视农村，曾赞助实施土地改革、水利、优良品种培植等多项农村发展计划。他爱好摄影，擅长音乐，作有《雨丝》等多首乐曲。泰国人民对普密蓬国王充满崇敬，因为在过去半个世纪动荡不安的岁月里，他以其道德权威给人民提供了一所精神殿堂。

137.瓷五彩描金盖罐

高 25.6 厘米　口径 21 厘米

1978 年 11 月，泰国外长差猜赠国务院副总理邓小平。

　　礼品通体用五彩釉绘繁密花纹，描金点缀，色调清澈柔和，富丽协调。在素可泰王朝宋加洛陶瓷的基础上，阿瑜陀耶时期的陶瓷又有很大的发展。中国的五彩瓷和描金瓷开始传入泰国。所谓五彩，并非确定的数目，而是言其色彩之多，主要是红、黄、蓝、白、黑五色。其工艺是在白胎上绘彩釉纹饰，是一种上釉瓷。所谓描金，即在五彩瓷上以金粉作底色，或在五彩花纹之间描金。大约17世纪以后，五彩瓷在泰国大量流行。

138.兰那泰陶绿釉碗

高 8.5 厘米　口径 14 厘米

20 世纪 80 年代，泰国商业部长汶瓦图赠中国政府。

礼品为兰那泰陶瓷北宫窑的复制品。兰那泰陶瓷始于公元 15 世纪。在泰国北方的清迈、昌莱和喃邦，曾发现许多窑址。北方诸窑的陶坯泥质细腻，胎薄，虽然釉水一般不及宋加洛瓷，但其绿釉不亚于宋加洛瓷。喃邦府的北宫窑绝大部分产品胎质细腻，制作精巧，胜过北部其他地方产品。该地陶器薄薄地涂上一层白色或翠绿色的釉，一般没有纹饰。

139.银镀金铭文钵

高 8.2 厘米　口径 15 厘米

2000 年 4 月，泰国总理川·立派赠全国政协副主席万国权。

140.都良窑陶淡绿釉盖罐

高 15.5 厘米　口径 13 厘米

20 世纪 80 年代，泰国商业部长汉瓦图赠中国政府。

礼品为都良窑陶器复制品。在素可泰旧城尚存一座古窑遗址，被称为"都良窑"，其名由中国江西景德镇的富良窑演变而来，可能最早的中国工匠来自富良窑。该窑烧制的陶瓷质地较粗，先在陶坯上涂一层白泥浆，再描上黑色纹饰，最后上一层淡绿色的釉。较常见的纹饰图案是螺纹、环纹、鱼纹和花卉。特别是鱼形图案成了素可泰陶瓷的一个象征。

141.锡錾女英雄像纪念圆盘

直径 21.8 厘米

1982 年 4 月，泰国普吉府府尹赠中国妇女访泰代表团。

盘上的人物造型源于普吉府府徽。1785 年，缅甸调集十万大兵，分为九师来犯，史称"九师之战"。泰国亦派精兵分路迎战，正在干乍那武里同缅军交战时，另一路缅甸水军兵临普吉。当时守城府尹去世，新府尹尚未任命。府尹夫人坤仁赞与府尹之妹娘目毅然负起御敌大任，与当地官员组织民兵抵抗，每日炮轰缅军，并虚张声势，机智用兵，使得缅军不敢冒险攻城。如此战斗月余，缅军伤亡过多，军粮耗尽，只好撤军。战争结束后，拉玛一世册封姐妹俩为巾帼英雄。

142.银雕花铭文圆盘

高 1.8 厘米　直径 25.6 厘米

1975年1月，泰国外交部副部长差猜·春哈旺赠国务院总理周恩来。

　　泰国的金银器种类较多，图案花纹美丽。据记载，这种手工艺已有几百年的历史。差猜·春哈旺，1974年参与创建泰国民族党，后任该党领袖。1976年3月参与创立泰中友好协会，并任主席。1988～1991年任泰国总理。作为中泰关系的奠基人之一和泰中友协的首任主席，差猜为中泰友好做出了特殊贡献。

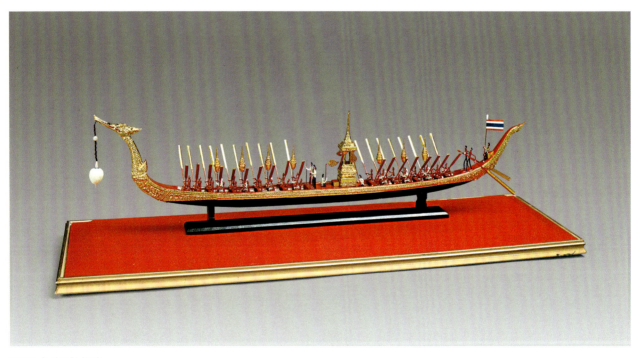

143.木金漆龙舟

长 57.5 厘米　高 14 厘米

1995年12月，泰国上议院议长米猜·立初潘赠全国政协主席李瑞环。

　　端午时节，中国民间盛行赛龙舟习俗，相传源于纪念战国时投江明志的诗人屈原。在泰国，每年11月前后，雨季结束，许多地处大河流域的府地，也有赛舟风俗。龙舟用一整棵原木挖凿而成，舟首高翘，雕以龙首或蛇首，贴上金箔。舟身或挂璎珞，或挂彩旗。除速度外，龙舟的造型和装饰也是比赛优劣的条件。王宫外河上的龙舟，体现了皇家的高贵和威仪，精美而富有特色，格外引人注目。

越南

VIET NAM

　　中国和越南毗邻而居，两国的许多风俗习惯十分相似。春节、清明、端午、中秋四大节日，是中越两国人民共同的传统节日。

　　1950年1月18日，中国和越南正式建交，掀开了两国友好关系的新篇章，中国成为世界上第一个承认越南的国家。20世纪50～70年代，在越南人民维护国家主权和民族独立的斗争中，中国人民曾给予巨大援助。已故越南领导人胡志明曾这样评价中越两国关系："越中情谊深，同志加兄弟。"进入新世纪以后，两国的友好交流与合作不断深入发展，中国是越南重要的外来投资国，也是越南重要的贸易伙伴。

　　越南领导人赠送给中国政府及其领导人的礼品是越南传统文化艺术瑰宝，凝聚着越南人民的智慧与杰出的艺术创造力，是中越两国友好关系的见证。

下龙湾

越南
VIET NAM

144.磨漆画《毛泽东主席与胡志明主席》

纵97.5厘米　横132厘米

1971年3月，越南河内市群众大会赠国务院总理周恩来。

　　画面绘制的是毛泽东主席与胡志明主席会晤时握手的情景。这两位伟人是深受中国人民和越南人民爱戴的领袖，他们之间的友谊由来已久。早在1938年底，胡志明从莫斯科到中国，赴延安同毛泽东举行了第一次会晤。之后，胡志明主席曾多次来访，与毛泽东主席建立了深厚的友谊。领袖之间的深厚友谊也象征着两国人民之间的深厚友谊。在长期的革命斗争中，中国政府和人民全力支持越南抗法、抗美斗争，向越南提供了巨大的军事、经济援助；越南视中国为"可靠后方"和坚强后盾。中越两国在政治、军事、经济等领域进行了广泛的合作。两国之间的友谊，正如画面上胡志明主席的题词："越中情谊深，同志加兄弟"。

145.铝质叶形盘

长16.7厘米　宽16.5厘米　高6.3厘米

1969年9月，越南驻中国大使关明鸾赠国务院总理周恩来。

VIÊT NAM

146.铝质带座瓶

> 高 12 厘米　口径 4.7 厘米
> 1969 年 9 月，越南驻中国大使关明
> 鸾赠国务院总理周恩来。

147.铝质梳子

> 长 16.3 厘米　宽 3.1 厘米
> 1969 年 9 月，越南驻中国大使关明
> 鸾赠国务院总理周恩来。

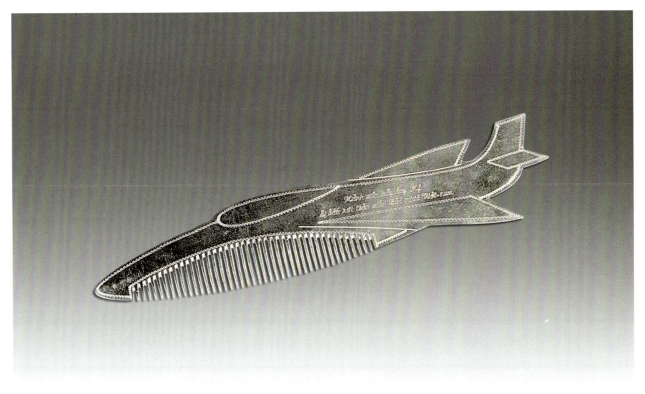

148.彩漆画《水上人家》

纵 49.5 厘米　横 80 厘米

1999 年 8 月，越南祖国阵线委员会赠全国政协副主席罗豪才。

149.漆嵌螺钿屏风《独柱寺》

纵 119 厘米　横 235 厘米

1997 年 5 月，越南祖国阵线中央主席黎光道赠全国政协主席李瑞环。

150.漆民族乐器模型

长 36 厘米　最宽 20 厘米

1997 年 12 月，越南河内文庙赠全国政协主席李瑞环。

　　这件礼品是一套越南民族乐器模型。在琵琶模型的圆形音箱里，摆放着 8 件乐器：独弦琴、二弦琴、三弦、二胡、笛、筝、月琴和琵琶。越南的民族乐器大都来自中国和印度，它们早从 10 世纪开始就先后传入越南。现今越南使用的民族乐器有：独弦琴、筝、二胡、月琴、三弦、横笛、唢呐、海螺、锣、木鱼、铃、鼓和德嘟琴等。

151.黑漆风景图案梳妆盒

长 39.2 厘米　宽 36.2 厘米　高 9.8 厘米

20 世纪 60 年代，越南劳动党主席胡志明赠国家主席刘少奇。

越南漆器的制造技术最早可溯源至 3～4 世纪，其产品包括画作、屏风、盒子、花瓶、托盘及棋盘等，目前已渐渐成为越南的出口大宗。越南漆器的制作过程颇为复杂，要经过挑选画板、打造成器、反复涂漆、晾干等多道工序后，才能在画板上作画。这个黑漆风景图案梳妆盒设计巧妙，制作精良，堪称越南漆器中的精品。

152.漆嵌螺钿挂屏《百鸟朝凤》

纵 83 厘米　横 153.3 厘米

1996 年 11 月，越南越共中央政治局委员、胡志明市市委书记张晋创赠全国人大常委会委员长乔石。

"百鸟朝凤"是一个流传极广的民间神话传说。传说凤凰原是一种简朴的小鸟，它终年累月，不辞辛劳，在大旱之年，曾以它辛勤劳动的果实拯救了濒于饿死的各种鸟类。为了感激它的救命之恩，众鸟从各自身上选了一根最漂亮的羽毛献给凤凰，凤凰从此变成了一只集美丽、高尚、圣洁于一身的神鸟，被尊为百鸟之王。每逢它生日之时会受到众鸟的朝拜和祝贺。越南人民把这扇寓意吉祥和喜庆的挂屏送给中国人民，表达了他们对中国人民的美好祝愿和真挚情谊。

153.漆嵌螺钿挂屏《马到成功》

纵 50 厘米　横 79 厘米

1997 年 12 月，越南总理潘文凯赠全国政协主席李瑞环。

　　该挂屏是一件富有越南民族特色的精美漆器艺术品。画面上八匹奔腾的骏马和"马到成功"四个大字均用螺钿镶嵌而成，画面生动鲜活。但其制作过程却相当复杂。首先需要精选出上好的螺钿，然后将选好的螺钿形状刻在漆器上面几层的漆料上,再用黑色的漆料将凹处涂黑。这些黑色涂料具有黏着性，用小铁锤轻敲螺钿便可使之牢牢地粘在上面。挂屏题名为《马到成功》，那栩栩如生的骏马隐含着客人无限美好的祝愿。

154.牙雕帆船

宽 5 厘米　高 11 厘米

20 世纪 60 年代，越南劳动党主席胡志明赠国家主席刘少奇。

155.竹拼风景画

纵 38.6 厘米　横 49.7 厘米

1971 年 9 月，越南海防市党委行政委员会赠中国政府经济代表团。

　　这幅风景画的画面为一座古典庭园，庭台楼榭布局典雅，层次丰富，景物错落有致。作画的用料取材于越南巨竹。越南巨竹是目前竹类中最优良的品种之一，也是经济价值较高的竹种，适合热带、亚热带广大地区和荒山荒坡栽培，抗病能力强。越南巨竹周身都是宝，特别发达的根可作竹雕，茂盛的枝条可作扫帚，竹茎是上等的竹编原料和建筑材料。

156.木雕骑象人物挂饰

纵 43.7 厘米　横 21.7 厘米

1995 年 9 月，越南妇女联合会赠中华全国妇女联合会。

　　越南的木雕工艺品在东南亚地区久负盛名。雕刻品大多选用越南中部西原地区或邻国老挝、柬埔寨原始森林中出产的优质硬木作原料，造型有菩萨、人物、动物等，大小不一。这件挂饰为一椭圆形的树横切面，上面贴着三种木雕造型：一骑象男子运木，几枝树叶垂花，一幢高檐房子。画面简洁生动，气韵流畅。其中大象和房子的雕刻刀法简洁有力，形象粗犷豪放；树叶和垂花的雕刻刀法委婉细腻，形象栩栩如生。

157.木雕独柱寺

长 26 厘米　宽 18 厘米　高 33.5 厘米

1997 年 12 月，越南国家主席陈德良赠全国政协主席李瑞环。

　　独柱寺位于河内巴亭广场西南，建于 1049 年的李王朝统治时期，是越南久负盛名的古迹。该寺因建在灵沼池中一根大石柱上而得名。灵沼池为方形，池周砖砌栏杆。寺为方形、木结构，每边 3 米，四面带廊。据传李太宗梦见观音菩萨手托婴儿，立于水池莲花台上，不久得子，乃下令仿出水莲花建寺，故独柱寺形如出水莲花。直径 1.25 米、地上高度 4 米的石柱象征花梗，石柱四周的 4 根木支架如同花，寺身及四边微翘的屋檐，构成花瓣。寺正面檐下悬匾，匾题"莲花台"。

158.银镂雕套蓝玻璃高足碗

　　高 16.5 厘米　口径 28.6 厘米

　　1965 年 10 月，越南政府赠国家主席刘少奇。

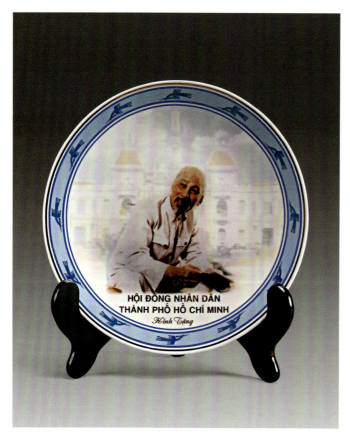

HỘI ĐỒNG NHÂN DÂN
THÀNH PHỐ HỒ CHÍ MINH
Kính Tặng

159.瓷胡志明像纪念盘

　　直径 26.2 厘米

　　2002 年 1 月，越南胡志明市祖国阵线委员会赠全国政协秘书长郑万通。

　　瓷盘白地蓝边鸟纹。盘面的背景图案是河内的主席府，正中是胡志明主席的半身像。胡志明主席身着中山装，身体微微前倾，侧头微笑着凝视前方，仿佛在倾听。胡志明是越南共产党的缔造者，著名的国际共产主义活动家。1946 年 3 月，胡志明当选为越南民主共和国主席兼政府总理，领导了越南的抗法战争，60 年代又领导越南人民进行抗美救国战争。胡志明主席不仅深受越南人民的爱戴，也是中国人民的老朋友。他在任时，制订并坚持与中国友好的方针，为建立和发展越中两党、两国人民的兄弟友谊和战斗团结进行了不懈的努力。

160.磨漆画《乡间风景》

纵 73.7 厘米　横 103.5 厘米

1965 年 10 月，越南总理范文同赠国家主席刘少奇。

161.银錾花酒具

盘长径 20.8 厘米　短径 14.8 厘　杯高 4.3 厘米　口径 3.4 厘米

1960 年 9 月，越南政府赠国务院副总理李富春。

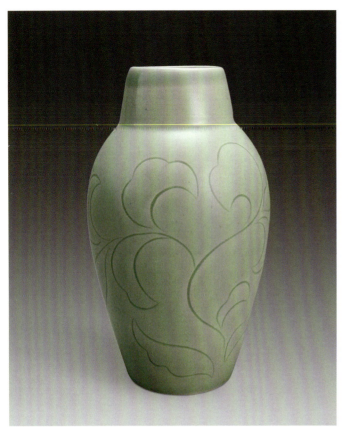

162.青瓷刻花瓶

高19厘米　口径5.8厘米

1968年4月，越南党政代表团赠国务院总理周恩来。

　　青瓷是中国古代一种传统颜色釉瓷器，因其釉色素雅、清丽、明净和装饰纹样丰富多彩而深受世人的喜爱。自古以来，中越两国在政治、经济、文化等各方面有着密切的联系，越南的陶瓷就是在中国陶瓷的影响下发展起来的，特别是青瓷，从器物的呈色到纹样的装饰方法上，都深受中国越窑青瓷的影响。该瓶圆口，削肩，圈足，器形雅致，纹饰舒朗。

163.酱色瓷釉刻花瓶

高19厘米　口径5.8厘米

1968年4月，越南党政代表团赠中国政府。

164.瓷塑武士像

宽 15 厘米　高 32 厘米

1965 年 10 月，越南政府赠国家主席刘少奇。

165.煤精雕狮子

长 30.5 厘米　宽 11.5 厘米　高 21 厘米

1964 年 9 月，越南越中友好协会赠中越友好代表团团长孙晓村。

　　煤雕工艺品是越南极富特色的艺术品，尤以越南下龙煤雕最为著名。下龙的煤雕选用鸿基、锦普等地出产的优质无烟煤作原料，制作出各种雕塑作品，其造型多种多样，有人物、动物、器皿等。煤雕工艺品分为表面打磨和未经打磨的两种。经打磨的，表面光滑细腻，与黑色瓷器相比，几乎可以乱真。未经打磨的，显得粗犷奔放，别具风格。这件礼品属于前者，打磨后的雄狮光亮可鉴，鬃毛长披，仰头吼叫的造型，给作品增添了几分生气。

166.漆绘金鱼图案花瓶

高 28 厘米　口径 13 厘米

1964 年 9 月，越南越中友好协会赠中越友好代表团团长孙晓村。

167.瓷彩绘瓶

高 24.6 厘米　口径 10.5 厘米

1965 年 8 月，越南副主席黄文欢赠国务院副总理兼外交部长陈毅。

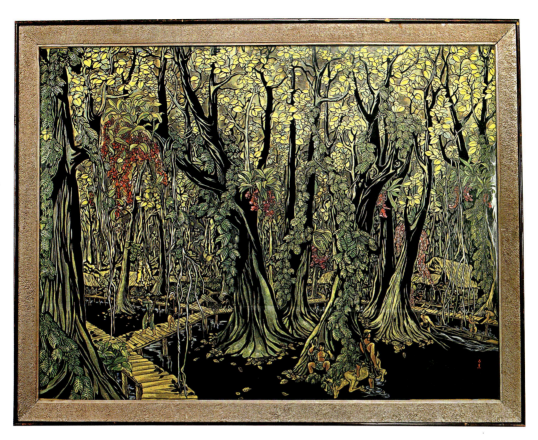

168.磨漆画《热带丛林风光》

纵 115 厘米　横 131 厘米

1973 年 11 月，越南南方共和临时革命政府顾问委员会主席阮友寿赠中共中央主席毛泽东。

　　磨漆画作为一门独立的绘画品种，是越南独具特色的工艺美术品，也是越南民间传统文化艺术精华，堪称越南之国宝。磨漆画使用越南硬木作画板，用越南特有的磨漆作颜料，这种磨漆多为生漆等天然漆。磨漆画耐磨，具有光泽，其风格古朴，多反映山水、人物等题材内容。这件礼品的画面上藤蔓、花茎、绿叶互相缠绕，吊桥、竹楼隐隐掩映于苍翠之中，反映了热带雨林气候的特征，具有浓郁的越南民族风格。

169.黑漆描金风景图案圆盘

直径 30 厘米

1977 年 10 月，越南古汉语考察团赠北京大学。

东盟十国国旗、国徽

文莱

柬埔寨

印度尼西亚

老挝

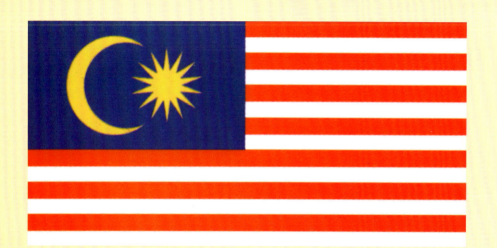

马来西亚

缅甸

菲律宾

新加坡

泰国

越南

封面设计：焦　哲
责任印制：陈　杰
责任编辑：张广然　张　芳

图书在版编目（CIP）数据

东盟十国国礼艺术／国际友谊博物馆编 . – 北京：
文物出版社，2005.10
ISBN 7-5010-1800-6
Ⅰ. 东... Ⅱ. 中... Ⅲ. 中外关系 – 友好往来 – 礼品
– 东南亚 – 图集 Ⅳ.D822.233-64
中国版本图书馆CIP数据核字（2005）第115821号

东 盟 十 国 国 礼 艺 术

国际友谊博物馆　　编

文 物 出 版 社 出 版 发 行
（北京五四大街29号）
http://www.wenwu.com
E-mail:web@wenwu.com
北京文博利奥印刷有限公司制版
文物出版社印刷厂印刷
新 华 书 店 经 销
2005年10月第一版　2005年10月第一次印刷
889×1194毫米　16开　8.5印张
ISBN 7-5010-1800-6/D·9　　定价：128.00元